He took me there

황선숙 지음

그가 나를 데리고

작은 쪽배를 보듬어 주신 하나님과의 사랑 이야기

하움출판사

차례

(1장)

**나의 자양분이 되신
어머니께로 인도하시다**

그가 나를 데리고
He took me there

에스겔 44장 1절

내 삶을 뿌리째 썩혀 버릴 정도로 심하게 헤매던 6개월여의 방황의 시간 끝에 하나님은 나를 만나 주셨다. 만 스무 살의 조각배 같은 나를, 흔들릴수록 주님의 향기를 내뿜으며 성장하도록 만져 주셨다. 이 책은 그 작은 쪽배를 보듬어 주신 하나님과의 사랑 이야기이다.

성경 에스겔서를 볼 때마다, 언제나 나의 희망을 보는 것과 같다. 이스라엘 백성은 하나님의 나라 백성으로 인도하심과 하나님의 언약을 철저히 배반하고 우상 숭배로 멸망하고 말았다. 탐욕과 죄악으로 타락한 백성들은 결국 바벨론으로 끌려가 70년 동안 포로 생활을 해야 했다.

어려서 포로로 잡혀 온 제사장 가문의 에스겔은 그발 강가에서 고국을 위해, 인간 회복을 위해 눈물로 간구하다가 폭풍같이 찾아오신 영광의 하나님을 여러 번 만난다.

하나님은 에스겔을 '데리고' 이스라엘의 타락을 보이시며 한탄하시다가 40장부터는 새로운 예배 장소와 거룩한 예배가 회복되는 곳으로 인도하신다. '그가 나를 데리고'라는 어구가 장면마다 여러 번 언급된다. 끝내는 성소에서 흘러나온 물로 만국이 살아난다는 이야기로 마친다.

이 말씀은 늘 나를 감동시킨다. '그가 나를 데리고' 내 자신이 회복되게 하시고 내 삶을 젊은이들에게 쏟아부으며 '향기가 되도록 인도하셨다.'라고 감히 생각한다.

《그가 나를 데리고》 이것이 나의 생애의 놀라운 이야기 제목이다.

어머니의 기도와 사랑, 존경하는 멘토님의 이끄심, 내 주변에서 꾸준히 응원해 준 사랑의 손길들에 깊은 감사를 드린다.

추천사

세상을 살 때 우리는 몇 명의 멘토를 만납니다. 어떤 리더는 지식으로 교육하고 어떤 멘토는 삶으로 교육합니다. 황선숙 전도사님은 작은 체구를 가지셨지만 저에게 큰 본을 보여 준 삶의 거인입니다.

제가 재수생 때 아직 그리스도인이 아니었지만 교회에 기도를 드리러 갔을 때 잠겨 있던 본당 문을 열어 주시고 제가 혼자서 기도를 통해 주님과의 만남을 시작하게 해 주신 것이 기억이 납니다. 그리고 제가 대학생 때는 교회 수련회가 있을 때마다 부흥이 일어날 수 있도록 그 연약한 몸으로 오랫동안 금식 기도를 하며 주님께 눈물로 매달리셨던 모습이 아직도 생생합니다.

이 책은 황선숙 전도사님이 형제자매들과 어떻게 사랑을 했는지, 그리고 주님과 어떻게 동행을 했는지에 대한 기억들이 담겨 있는 글입니다. 이 기억들을 통해 많은 사람을 옳은 데로 돌아오게 한 황 전도사님의 사랑이 많은 사람에게 전달되고 또 전달되기를 소망합니다.

– 이준영
(서울대학교 의과대학 교수, 정신건강의학과 전문의, 강변성결교회 장로)

＊◆＊

　그리스도인은 하나님 나라를 이 땅에서 경험하고 또한 온전한 하나님 나라를 간절히 바라는 사람들입니다. 옛 건물 강변교회 1층은 유치원으로 활용이 되던 공간이라서 유치원 아이들을 위한 의자와 테이블이 준비되어 있었습니다. 매주 토요일 5시, 작고 좁은 의자에서 진행하는 성경 공부를 지키기 위해 많은 우선순위를 내려놓아야 했지만, 제게 그 시간은 하나님 나라가 온전히 임하는 행복한 시간이었습니다. 성경을 공부하며 일상에서 그리스도인으로 살기 위해 애를 쓰는 과정에서 말씀이 살아 있고 운동력이 있다는 사실을 매 순간 경험하였고, 세상이 줄 수 없는 평안이 어떤 것인지도 알게 되었습니다. 세상을 창조하신 창조주가 우주에서 보자면 보이지도 않을 한 개인과 만나는 위대한 경험의 연속이었습니다. 젊은 날에 성경을 집중해서 10여 년간이나 배울 수 있었던 기회는 분명 아무나 가지지 못하는 큰 축복이며 하나님이 주시는 귀한 선물이었습니다. 그 귀한 자리와 공동체를 섬기기 위해 전도사님은 은혜의 통로로 아낌없이 자신을 드리셨습니다. 또한 공동체 안에서 우리는 서로에게 귀한 선물이 되었습니다. 귀한 선물을 받은 사람들은 지금도 온전한 하나님 나라를 소망하며 있는 곳에서 하나님 나라를 이루어 가고 있을 것입니다.

- 최인욱
(한동대학교 콘텐츠융합디자인학부 교수)

이 책에서 저자는 구체적인 다양한 사례 가운데서 어떻게 하나님을 만나고, 어떻게 그분의 뜻을 순종했는지 가감 없이 진솔하게 그려 내고 있습니다. 여전히 눈에 보이지 않지만 지금도 살아 계신 하나님이 구체적이고 실제적인 우리 삶 속에서 어떻게 역사하시는지 알고 싶어 하는 모든 분에게 이 책을 추천합니다.

하나님 나라를 위해 이미 헌신한 사역자들에게도 이 책을 추천합니다. 저자의 성경적 사역 원리와 사역자의 삶에 대해서 무릎을 치며 수긍할 수 있을 것입니다. 신학교 강의실에서 배웠던 원칙들이 일상의 현장에서 얼마나 실제적으로 적용되는지 보게 될 것입니다.

분명, 하나님을 소망하는 사람에게 감동과 도전을 선사할 것입니다. 하나님을 보화로 여기며 살아온 평범해 보여도, 결코 평범하지 않은 삶을 살아 낸 한 사역자의 삶은 하나님에 대한 가장 명확한 증거이기 때문입니다.

– 이수영

(세부 선교사, CPNC 신학교 구약학 교수, 미국 애즈베리 신학대학원 목회학 박사)

나의 자양분이 되신
어머니께로 인도하시다

나와 변론하자

나는 고등학교를 졸업하며 당연히 대학에 당당히 들어갈 줄 알았고 또 이것이 나의 꿈이었다.

그러나 대학 입학 원서를 들고 재정 보증을 서 줄 사람을 아무리 찾아도 아무도 없었다.

서 주고 싶은 사람은 집이 없고 집이 있는 사람은 나와 관계의 끈이 짧았다.

내 친구는 무사히 대학에 들어갔건만 나는 야간 대학에 가는 꿈마저 좌절되었다.

그러자 독한 마음이 생기고 어려서부터 다니던 교회와 하나님께 반감이 생겼다.

"까짓 대학도 못 들여보내는 하나님이면 내 힘으로 해 보고야 말 거다!"

이후 돈벌이라면 무엇이든 해서 하나님을 이겨 보고야 만다는 식으로 애들 공부 지도를 하던 것도 때려치우고 직업을 찾고 돈을 따라다니며 내 영혼은 극도의 방황을 시작했다.

어머니께는 친구 집에 가 있겠다고 하고 모든 것을 제멋대로 하기 시작했다.

그런데 웬걸, 따라다니는 돈은 벌리지 않고 몸과 마음은 피폐해지기 시작해서 위에 탈이 나서 밤새 고통을 하기 일쑤였다. 성경책은 늘 여행 가방 맨 밑에 모셔 놓고 보지 않으면서도, 하나님은 결코 잊지는 않겠다는 심정이었던 것 같다.

다른 사람이 일생 동안 할 일탈을 나는 단기간에 엑기스로 했다.

몸과 마음이 극도로 공허하던 어느 날, '나는 왜 이리 방황하는 걸까?' 하면서 어머니께 가야겠다는 생각이 문득 들었다. 누군가 내 몸을 '휙!' 돌이켜 놓는 것같이 뭔가 내 맘에 '싸악!' 하는 바람이 느껴졌다. 그날 갑자기 나는 짐을 싸서 집으로 왔다. 어머니는 아무것도 묻지도 따지지도 않으시며 나를 반기셨다. 어머니의 특기다.

왜냐고 묻지 않으시는 것.

그러던 어느 날 밤, 이렇게 사는 것이라면 '일찍 죽어 버리는 것이 낫겠다.'라는 생각이 들었다. 교회 지도자로 지내던 사람들도 교회에서 위선을 떨며 늙어 80~90세 살면 그것이 부끄러운 것이지. 나는 그렇게 위선자로 오래 살고 싶지는 않다는 생각이 강하게 들었다. 죽어 버리자니 딱 하나! 걸리는 것이 있었다.

내가 죄인이라는 사실이었다!!

갑자기 한 영상이 떠올랐다.

초등학교 때 예쁜 분홍색 머리핀을 한 친구가 있었는데 책상 밑을 보니 그 애가 발밑에 그 머리핀이 떨어진 줄도 모르고 있었다. 반짝거리는 그 '예쁜 핀'을 나는 발을 뻗어서 내 자리로 가져와 훔쳤다. 그리고는 그 사실을 잊어버렸다.

근데 그 도둑질이 필름처럼 내 머리에 또렷이 펼쳐졌다. 과거로 돌아가 그 애한테 사과하고 죄를 씻으면 좋으련만 다시 시간을 거슬러 갈 수도 없는 일이었다.

또다시 몇 가지 잘못했던 기억이 떠올랐다. '내가 죽으면 내 죄들만 남겠구나!'라는 생각에 머리를 들 수 없게 속상했다.

　사람과 하나님께 떳떳한 '나'인 줄 알았는데 죽으면 끝이 아니었다.

　아이구, 괴로워! 창피해!

　그때 평소에 잔소리처럼 늘 말씀하시던 어머니 목소리인지, 누구의 소리인지 "얘야, 성경을 읽어라!"라는 말이 나에게 확연히 들려왔다.

　나는 그 소리에 이끌려 눈을 들어 위를 보았는데, 선반에 있는 오빠가 학교 성경 퀴즈 대회에서 상으로 받아 온 성경이 눈에 띄었다. 나는 벌떡 일어나 그 성경을 아무 데나 펼쳤다.

　　"오라! 우리가 서로 변론하자.

　　너희의 죄가 주홍 같을지라도 눈과 같이 희어질 것이요,

　　진홍같이 붉을지라도 양털같이 희게 되리라!"

나중에 알고 보니 **이사야서 1장** 말씀이었다. 그렇게 읽어 가던 중,

　　"소는 그 임자를 알고 나귀는 그 주인의 구유를 알건마는,

　　이스라엘은 알지 못하고

　　나의 백성은 깨닫지 못하는도다." (사 1:3)

이 말씀이 내 마음에 확 와닿았다.

　　"너희가 어찌하여 매를 더 맞으려고 패역을 거듭하느냐,

　　온 머리는 병들었고 온 마음은 피곤하였으며

　　발바닥에서 머리까지 성한 곳이 없이

　　상한 것과 터진 것과 새로 맞은 흔적뿐이거늘

그것을 짜며 싸매며 기름으로 부드럽게 함을 받지 못하였도다.”

(사 1:5~6)

“변론하자!” (사 1:18)

이 구절에서는 내 앞에 둥근 원탁이 있고

그 앞에 하나님이 와 앉으셔서 내게

“네 인생이 그렇게 고달프냐? 나하고 얘기해 보자.”

하시는 것같이 느껴졌다.

성경 글자들이 확대되어 한 글자 한 글자 탁탁 튀어 오르는 것 같았다.

와! 하나님은 내 인생에 대해서 이렇게 대화하고 따져 보고 들어 주시려고 앞에 와 계시구나! 내 죄가 아무리 붉고 검어도 눈과 같이 양털같이 희게 해 주신다는 거구나!

이것을 느끼니 죽어야겠다는, 죽으면 ‘죄’만 남는다는 생각이 어디로 슉 날아가 버렸다.

참 신기하게도 그날 밤, 성경에 빨려 들어가듯이 이사야서를 거의 다 읽어 내려간 것 같다.

새벽 4시가 되자 나는 쏜살같이 교회로 갔다. 그 당시 내가 다니던 교회는, 우리 집은 산 중턱에 있었기에 달려 내려가서 다리를 건너서 또 산 중턱까지 올라가야 했다.

지금 생각하면 한달음에 간 것 같다. 그날부터 나는 새벽마다 누가 가라고 하는 것도 아니건만 교회로 달렸다. 목사님의 말씀이 뭔지는 다 모르겠지만 꿀송이같이 달았다.

후에 알고 보니 어머니의 오래된 스승 멘토가 계셨는데 “선숙이, 요새 어떻게 지내냐?"라고 물으셨단다. 그때, 어머니가 "몰라요. 친구 집에요."라고 대답하셨다가 "네가 어미냐? 딸이 어떻게 지내는지도 모르면서."라고 호통을 치셨단다.

그 이후로 어머니는 워낙 많이 주리셨건만 한 끼씩 금식하시면서 "주님! 선숙이 좀 붙잡아 주세요!"라고 기도하셨다고 나중에 구역 예배에서 간증하시는 말씀을 들었다. 그 금식 기도 응답으로 나는 방황을 멈추고 집에 온 것이었다.

자녀들을 위해 기도하면 하나님이 다 들어주시니 열심히 기도하라고 권면하시는 것을 들으며 깨달았다. 어머니의 애끓는 기도 때문에 하나님은 내 마음의 눈을 밝히신 것이다.

"아! 우리 어머니는 나를 위해 두 번 산고를 겪으셨구나!
한 번은 배 속에서 내가 나올 때,
또 한 번은 내가 죄 속에서 나와 구원받을 때였구나."

그렇게 나는 두 번 어머니의 산고를 통해 하나님의 자녀로 태어났다.

6.25 피난길에도
하나님은 우리를 보듬으셨다

1950. 6. 25. 주일, 오전 10시는 아버지와 우리 사이를 영원히 갈라놓았다. 그 당시 포천 근처 초등학교 교사였던 아버지는 그날 마침 당직이었는데, 10시에 피난민들을 학교에 모시느라고 동분서주하셨고, 어머니는 두 돌이 채 안 된 아기인 나와 초등학교 1학년인 8살 오빠를 데리고 할머니들을 안전한 곳으로 이동하게 하고 있었다. 어머니가 돌아와 보니 학교는 텅텅 비었고 아버지는 어디로 갔는지 알 길이 없었다.

가족과 헤어진 아버지는 전쟁 사태의 심각성을 알고 가족을 찾아 헤매다가 '이 한 몸이라도 조국을 위해!' 자원입대하셨다. 전투 중 편지 두 통, 그후 전쟁이 끝나고야 전사 통지 한 장 달랑 받은 것이 끝이었다.

그 전쟁터에서도 아버지가 쓴 편지 속 부탁은 "교회에 잘 다닐 것과 예수님을 믿어야 구원을 받는다."라는 것이었다.

아버지는 이미 도시 유학을 하던 학창 시절에 하숙집을 하시는 목사님을 통해(일제 강점기에 교회가 다 문을 닫자 돈도 안 남는 하숙집을 하심) 예수님을 구주로 영접한 상태였다. 성경 말씀 공부에 빠져들고 비 오는 날은 교회가 머니까 동네 교인들을 모아 예배 인도를 하면서 신학교에 가서 목사가 되는 것이 아버지 소원이셨다.

주일이면 아버지는 일찍부터 우리를 목욕시키고 먼저 교회에 가서 주일 학교를 인도하셨고 어머니는 우리가 교회에 가고 나면 마지못해서 예배에 참석하기는 하나 맹숭맹숭하니 있다가 귀가하곤 했다. 그러니 애들과 무엇을 먹고 사냐고 한탄하는 부인 말에 기가 눌려 신학교 입학을 서두르지 못하던 차에 전쟁이 터진 것이었다.

그때 어머니는 8살 아들 등에도 한 짐을 지우고, 아기인 나를 둘러업고 피난 보따리를 이고 들고…. 아무리 피난을 가고 가도 안성까지 가서는 더 이상은 갈 수가 없었다.

교회에 찾아가니 목사님이 단칸방에 계신 전도사님께 방 반을 우리 식구에게 주라고 해서 겨우 거처는 찾았으나 먹고살 길은 막막했다.

어느 날 이북에서 오신 피난민 아주머니가 "새댁, 회개해 봤수?" 하고 물어 왔다. 어머니는 그 말에 "나는 천석꾼 막내딸로 자라서 남의 밥 한 술도 안 먹어 본 사람이라 회개할 것 없어요."라고 했단다. 그런데 그날 밤부터 어머니는 여러 가지 죄를 지은 것이 계속 떠올라서 잠을 잘 수가 없었다. 피난민이 너무 많아서 학교에 임시 교회로 정한 곳을 찾아가니 이미 여러 사람이 와서 기도하고 있었다. 어머니는 그날 밤새도록 올케와 가족 사이를 이간질하고 고자질한 것을 회개하고 특히 아버지를 신학교에 못 가게 해서 어머니 때문에 전쟁이 일어났다고 생각하여 울고 또 울었다. 그때 신학생들은 이승만 박사가 다 일본으로 옮겨 보호했으니, 남편을 죽게 한 죄는 자신에게 있다고 느껴진 것이다.

교회에 다니는 사람들이 오이 서리도 해 먹고 하는 일들을 비난한 것 등을 회개하느라 눈물 콧물을 쏟으며 잠을 잘 사이도 없었다.

그날 이후 어머니는 아주 다른 사람이 되셨다.

새벽 예배는 물론 모든 예배 맨 앞자리에 가서 목사님 말씀에 심취하며 신앙이 점점 성장하셨다. 늘 어린 내가 앞에서 알짱거리니 아기가 있는 분은 뒤로 가라고 해서 "주님, 이 아이가 예배 시작하면 자게 해 주세요." 기도하니 그날부터 예배만 시작하면 나는 어머니 무릎을 베고 잠들어 예배가 끝나야 깨곤 했단다.

모두가 전쟁 때문에 북한 괴뢰 집단을 미워하는데 그때부터는 기도 용사가 되어 "그들도 회개하고 예수님 믿어 구원받게 해 주세요." 하며 나라를 위한 기도, 세계 평화를 위한 기도를 쉬지 않으셨다.

어머니가 소금을 도매로 사서 머리에 이고 와서 소매로 팔면 조금 돈이 되었는데 어느 날은 병이 나서 돈을 한 푼도 못 벌었다. 집에 와서 주님께 "주님, 우리 식구 오늘 먹을 것이 없어요." 기도하고, 우물에 가서 물을 길어서 목사님 댁으로부터 시작해서 여러 집에 물을 가득가득 퍼다 주었다.
그리고 다 하고 집에 와 보니 '따뜻한 밥 한 상'이 와 있었다.
전도사님이 눈치를 챈 것이다.
'아, 저 집에 오늘 땟거리가 없구나!' 그래서 얼른 밥을 하고 반찬을 해서 우리 집에 가져다 놓은 것이었다. 전쟁은 상처만 남기지만 '어머니의 믿음의 기도'는 항상 기적을 낳고 한 여인과 고아 같은 우리를 보듬으시는 주님의 날개 아래 품어진 것이었다.

다시 그 먼 길을 걷고 걸어서 남편이 근무하던 지역으로 왔건만 교사직을 하던 남편이 없으니 아버지 친구는 교장이 되었으나 우리의 삶은 말이 아니었다. 설상가상으로 우리 가족은 영양실조로 오빠와 어머니는 염병에 걸리고 나는 앉은뱅이가 되었다.
어느 날 화장실에 갔는데 일어나지 못했다.

아버지의 친한 친구분이신 '이 선생님'이라는 분이 있었는데 그분은 전기 사고로 한쪽 팔과 한쪽 다리를 못 쓰는 분이지만, 신앙은 출중했다. 우리가 병들어 있으니 목발에 의지해 절뚝거리며 이 집 저 집 다니며 동냥을 해서 우리 식구가 굶어 죽지 않게 하려고 애썼다.

하루는 이분이 오셔서 앉은뱅이가 된 나를 붙들고 간절히 기도했다.

근데 웬일인가!

내가 두 다리로 설 수 있게 멀쩡해졌다.

참 신기한 그날 일이 지금도 내 기억에 남아 생생하다.

희생의 사랑에 맥을 못 추시는 하나님!

철원의 겨울,
주님은 과부와 어린것들을 돌보셨다

살길을 찾아 강원도 철원 고향으로 돌아온 어머니는 전에 어머니의 아픈 정신병을 고쳐 주신 스승을 찾아 수도원에서 은혜를 받으며, 군인들 상대로 삯바느질과 조금의 밭농사 등으로 겨우겨우 연명을 해 왔다.

겨울은 다가오건만 풀만 가득 나뭇간에 있지, 장작이 없어서 어머니는 어린 오빠를 데리고 산에 올라갔다. 썩은 나무뿌리랑 굵은 나무들을 산 위에서 여러 둥치 묶어서 굴려 보내고 내려와 보니 한 둥치도 없었다. 눈이 오니까 나무를 하러 나온 군인들이 밑에 있다가 웬 떡이냐 하고 다 가져간 것이었다. 얼마나 참담하던지 빈손으로 눈물을 흘리며 집에 왔다. 그날 밤, 눈이 엄청 많이 와서 꼼짝달싹도 할 수 없게 되었다. 강원도 철원은 눈이 참으로 많이도 오는 곳이다.

"하나님, 나무를 해 놓은 것은 군인들이 다 가져가고, 집에 쌀도 떨어져서 밥도 못 합니다. 우리 세 식구도 남편이 있는 하나님 나라에 데려가 주세요."

오빠는 어머니가 밥도 안 주고 울면서 기도만 하니까, "에잇, 나는 소변 보고 올래요." 하면서 밖으로 나가더니 다시 뛰어 들어왔다.
그리고 "엄마, 엄마! 누가 지게에 한 짐 지고 우리 집으로 오고 있어." 하며 소리쳤다.

"네가 뭘 잘못 보았지. 이 눈구덩이에 누가 우리 집에 오냐?"
그런데 조금 후에 '쿵!' 하며 누가 짐 내리는 소리가 들려서 나가 보니 과연 어떤 분이 땔감과 쌀을 가지고 온 것이었다.

사연인즉 수도원에서 한동안 기도하려고 서울에서 오신 분이셨다
그분도 우리를 모르고 우리도 그분을 몰랐다.
하나님이 말씀하셨단다.
"군탄리에 정 속장이라고 있는데 자꾸 애들하고 나한테로 오겠다는구나. 수도원에 가서 쌀은 꾸어 달라고 하고, 나무는 내가 보여 주는 데 가면 솔잎이 많이 모여 있으니 그것을 긁어모아서 가져다주어라!"
수도원에 물으니 쌀도 주고 지게도 빌려주어서 한 번도 지게를 져 보지 않았지만 쌓인 눈을 헤치고 가지고 온 것이다.
아들과 해 놓은 몇 나무 둥치는 다 가져가시고, 눈구덩이에서 한 과부와 어린것들을 직접 돌보시고 먹이시는 하나님이라고 해야 하나….
정말 살아 계신 하나님이시다.

그 추운 겨울에 오빠와 나는 화롯불 앞에서 기차놀이를 하고 낄낄거리며 지냈다.
화롯불에는 재를 담고 그 가운데 벌겋게 달아오른 숯을 묻고 재로 덮었다.

이 화롯불은 아주 훌륭한 난로가 되어 우리 방을 훈훈하게 했다. 화롯불 근처에 모여 앉아서 이불 꿰매는 굵은 실을 오빠 것 한 줄, 내 것 한 줄 재 위에 늘어뜨리고 또 묻고 또 재 위에 늘어뜨린다. 이 실이 기차이다. 실 한 쪽 끝에 불을 붙이면 실은 빨간 불을 타고 재 위로 달리다가, 재 밑으로 터

널을 뚫고 달리다가 또 재 위로 올라온다. 누구의 기차가 빨리 달리나 응원을 하고 함성을 지르고 웃고 떠들며 우리는 추운 강원도 철원의 겨울밤을 견뎌 냈다.

사랑하는 주님이 함께하셨기에 이 추위에도 추억을 한 자락 수놓은 것이다.

우리 집은 사렙다 과부의 행복이 이어 온다고 나는 늘 되뇐다.

집에 쌓아 놓을 양식은 없었다. 그러나 새날이 오면 사렙다 과부의 기름 통에 기름이 떨어지지 않고 밀가루 통에 밀가루가 떨어지지 않은 것처럼 우리 집에서 양식이 없어서 굶는 일은 없었다. 잠시 배고파서 물을 잔뜩 마시고 뛰어가면 배에서 물소리가 양철통의 물처럼 출렁출렁 소리를 내기는 했지만 그것도 깔깔거리며 그 소리를 즐기곤 했다.

내 사역 기간에도 통장에 묻어 둘 돈은 없었다. 그러나 항상 나는 풍족했고 때로는 나누어 줄 조금의 부스러기도 있었다. 많아서 교만할 사이도 없고 없어서 잠언 기자의 고백처럼 비굴하지 않도록 주님의 보장으로 우리 집의 먹을 것과 입을 것의 마련은 주님의 몫이었다.

또 하나, 우리 가족에 대해서 고백할 것이 있다. 오빠는 내성적이고 조용할 뿐 아니라 신앙도 고등학교 이후에는 존경스럽지 않았다. 그래서 내 속에 조금 시원치 않게 생각하는 부분이 있었다.

우리 집 안방에서 교회를 시작하였을 때, 새벽이 되면 나는 억지로 예배자리에 앉아 참석하곤 했다. 하루는 창세기 9장을 오빠가 설교하는데 '무슨 은혜받을 것이 있겠어?'라고 생각하며 설교하는 모습을 보았다.

근데 에구머니나! 강단에 오라버니는 온데간데없고 예수님이 서 계시는 것이 아닌가?

창세기 9장 18절부터 29절 말씀이었다.

"셈과 야벳이 옷을 가져다가 자기들의 어깨에 메고 뒷걸음쳐 들어
가서 그들의 아버지의 하체를 덮었으며 그들이 얼굴을 돌이키고
그들의 아버지의 하체를 보지 아니하였더라." (창 9:23)
"셈의 하나님 여호와를 찬송하리로다 하나님이 야벳을 창대하게
하사 셈의 장막에 거하게 하시고" (창 9:26~27)

하나님께서 "네 오라버니의 부족함을 옷으로 덮어라. 셈과 야벳이 되거
라."라고 하시는 것 같았다. 그다음부턴 오라버니를 뵐 때 나는 벌벌 떤다.
주님의 옷으로 덮는다.

태산을 넘어 험곡에 가도

"권사님, 좋아하시는 찬송 있으세요?" 심방 오신 목사님이 물으시니 지체 없이 어머니는 "태산을 넘어 험곡에 가도 빛 가운데로 걸어가면…."이라고 하신다. 그러시며 이 찬송을 좋아하게 된 연유를 말씀하신다.

전화기도 없는 때인지라, 시골 교회 목사님은 갑자기 심방을 가자고 우리 집에 오셔서 어머니를 앞세우실 때가 많았다. 목사님 혼자 각 가정을 심방하시기에는 아직 완고한 우리 사회였다.

가을이 깊어 갈 때, 내일 서리가 올 것 같아 밭에 나가서 급하게 김장거리를 거두어야 하는데, 목사님이 들이닥치셔서 이 동네에 심방을 왔으니 앞서라고 하셨다.

김장거리 같은 것을 도시 젊은 목사님이 알 턱이 없었다.

혼자 어린 것들을 데리고 사는 과수댁의 어려움은 전혀 헤아릴 수 없는 것이었다.

어머니가 감히 누구 말씀을 거역하겠는가?

밤늦도록 목사님을 모시고 심방을 하고 가을걷이는 뒤로 미뤘다.

새벽에 일어나 보니 어이쿠! 서리가 하얗게 덮이고 배추, 무는 다 삶아 놓은 것같이 되어 그해 김장을 못 했다.

이 이야기를 들은 큰 냇물 건너 사시는 분이 김치를 줄 테니 가지러 오라고 하셔서 어머니는 감사함으로 갔다. 이분은 무당을 하다가 회개하고 이제 갓 하나님을 믿은 분이었다. 예배를 드리고 말씀 좀 가르쳐 달라고 해서 신앙생활을 지도해 주다 보니 어두워졌다.

김치를 사랑이 많은 만큼 꾹꾹 눌러서 한 통을 머리에 얹어 주는데 아이고, 목을 가눌 수 없을 정도로 무거웠다.

저녁이 되어 가니 서둘렀건만 섣달그믐이라 달빛도 없고 캄캄해서 큰 냇물 가까이 왔으나 징검다리를 찾을 수가 없었다. 내려놓으면 다시 머리에 얹을 수가 없을 것 같고 난감한 상태였다.

그런데 갑자기 하늘에서 '환한 빛'이 비추어
서둘러 마지막 징검다리를 건너니 그 빛은 온데간데없이 싹 사라졌다.

그래도 아는 길이니 무사히 집으로 와서 이 찬송을 냅다 부르시며 좋아하시게 되었단다. 그렇게 가져오신 김장으로 우리는 걱정 없이 그해 겨울을 났다.

하늘의 환한 빛은 어머니 가슴에 항상 남아서 비추었다.

그때 "목사님 심방 동행 못 해요. 나 김장거리 거둬야 해요."라고 했으면 어머니는 그날 밤하늘의 환한 빛을 못 보셨을 것이다. 하나님이 그리 급하게 도우실 리도 없고 말이다.

> **"태산을 넘어 험곡에 가도 빛 가운데로 걸어가면**
> **주께서 항상 지키시기로 약속한 말씀 변치 않네.**
> **하늘의 영광 하늘의 영광 나의 맘속에 차고도 넘쳐**
> **할렐루야를 힘차게 불러 영원히 주를 찬양하리.**
> **캄캄한 밤에 다닐지라도 주께서 나의 길 되시고**
> **나에게 밝은 빛이 되시니 길 잃어버릴 염려 없네." (찬송가 445장)**

또 그때는 그렇게 하루 종일 죽어라 일하시고도 밤에는 어김없이 오 리 정도 되는 곳에 있는 교회에 가서 혼자 기도하다 자다 하시다가 목사님이 새벽 기도를 인도하러 나오시면 예배를 드리고 잠든 나를 업고 오셨다.

그리고 집에 와서 아침을 준비하곤 하셨다.

하루는 비가 추적추적 오고 교회에 비가 새서 어머니는 이리저리 피하면서 기도를 하셨다.

그러다 문득 '내가 혼자 왜 이리도 기도해야 하나. 아무도 안 하는 철야 기도를….' 하는 생각이 들고 '이제 나도 그만하리라.' 마음먹자마자 하늘에서 노한 음성이 들리며 혼이 나셨다.

"그날과 그때는 아무도 모르느니라!"
벽력같이 큰 말씀이 들려왔다.

그리고 "아이구, 하나님 잘못했습니다. 기도를 쉬지 않겠습니다."라고 회개하셨단다.

그 많은 교인이 집에서 잘 먹고 쿨쿨 자도 아무 말씀 안 하셨으면서 이 젊고 가난한 과수댁의 기도는 왜 그리도 들으려고 하셨을까?

"시험에 들지 않게 깨어 기도하라! 쉬지 말고 기도하라!"라는 말씀을 들을 귀가 있는 사람이 그렇게 없다는 결론이다.

젊은 과수댁의 기도를 그렇게도 혼쭐을 내실 정도로 재촉하신 주님을 찬양한다.

"그러나 그날과 그때는 아무도 모르나니
하늘의 천사들도, 아들도 모르고 오직 아버지만 아시느니라!"
(마 24:36)

우리 세 식구는 이렇게 주님 품 안에 똘똘 뭉쳐서 전쟁 후유증을 견뎌 냈다.

아침저녁으로 우리는 '가정 예배'를 드렸다.

특히 저녁 예배는 어머니가 길게 예배를 인도하셔서 우리는 "엄마, 빨리 빨리요."를 연발했다. 성경은 한 권을 가지고 식구들이 돌려 가며 읽었다. 나는 글을 잘 모르니 어머니가 선독을 하고 나는 따라 하는 것으로 내 차례를 때웠다.

어머니가 제일 많이 부르신 찬송은 그때 수도원에서 사용하던 복음 성가이다.

이 찬송은 그 당시 우리나라 최고의 부흥사이신 유재현 목사님이 지으신 찬송이다.

"세파에 밀려 시달리어도 안심을 하고 믿고 가라.
물 위로 지금 걸어가시는 주님만 보고 따라가자.
두려워 말고 안심을 하라 주님이 나를 잡고 가시니
파도가 감히 빠칠 수 없고 죽음도 나와 상관없다."

찬송, 성경 읽기가 끝나면 어머니가 기도를 하시는데 세계 일주를 하시고 백두산 영봉에 태극기를 날려야 기도가 끝난다.

근데 문제는 어머니가 기도하다가 너무 고단하니까 엎드려서 조신다.

내가 어머니 허벅지를 꼬집으면 다시 처음으로 돌아가서 세계 일주를 하신다.

아이고야! 그렇게 세계 평화와 복음 전파를 위해 끈질기게 기도하셨다.

어머니의 그 길고 긴 기도가 끝나고, 주기도문 차례가 되면 오빠와 나는 누가 빨리 끝내나 내기하는 것처럼 달리고 달린다. 빨리 끝나고 포근한 이불 속으로 들어가려고 말이다.

밥을 먹을 때도 반드시 믿음의 의식을 치러야 한다.
그 의식은 식탁 찬송과 성구 암송이다.

"주님의 식구 한 식탁에 단란히 함께 둘러앉아,
감사를 하고 먹게 되니 참 평화롭도다.
기쁘도다. 우리 식탁은 예수님도 함께 계시네.
천국의 잔치 벌어지니 즐겁고 맛있다."

"세상 나라가 우리 주와 그의 그리스도의 나라가 되어
그가 세세토록 왕 노릇 하시리로다." (계 11:15)

오빠와 나는 조그만 원형 밥상을 두드리며 이 찬송을 한다. 그 후에 또 위 말씀을 외우고 어머니의 감사 기도가 있어야 우리는 그 따뜻하고 맛있는 밥을 먹을 수 있었다.

가난했지만 예배 시간은 우리 집을 견고하게 하는 천국이었다.

어머니의 전도를 받고
하나님의 사람들이 되었다

전쟁 직후라 우리 동네에도 열병이 돌아서 내 친구인 연옥이의 오빠 득수, 인수 두 오빠도 전염병으로 앓아누웠다. 온 이웃이 그 집에 가면 병이 옮는다고 아무도 들여다보지도 가지도 않았다.

어머니는 그 가정이 아직 예수님을 안 믿으니 전도할 생각으로 병문안을 갔다. 이마에 손을 얹으니 불덩이같이 뜨거웠다.

"예수님 이름으로 이 귀한 두 아들을 고쳐서 살려 주세요."
간절히 눈물 뿌려 안수 기도를 해 주고 왔다.
집에 오니 어머니는 열이 나고 몹시 아팠으나, 하루 만에 씻은 듯이 나았다.
그 집 두 아들도 그날로 깨끗이 나아서 온 동네에 소문이 퍼졌다.
무서운 전염병인 열병을 예수님이 고쳐 주셨다고 입을 모아 얘기들을 했다.

그날 이후로 그 두 형제는 믿음 생활을 열심히 하기 시작했다.
성경을 읽으라고 가르쳐 주었더니 밭일을 하면서도 성경을 손에서 놓지 않았다.
저만치 성경을 앞에 놓고 김을 매고, 그 앞에 가면 또 성경을 멀찌감치 놓고 읽어 가면서 두 오빠는 하나님을 경험하며 힘차게 신앙이 성장했다.

장남은 동네 군청에서 공무원으로 일하며 '신실한 장로'로 소문이 나고, 차남은 신학교에 가서 목사로 하나님을 충실히 섬기는 하나님의 사람이 되었다.

동네나 교회에 장례가 있으면 목사님을 비롯해서 모두 어머니를 제일 먼저 찾는다.

임종은 물론 시신을 씻기고 밤새 수의를 지어서 입히고, 관에 꽃을 달고 하는 모든 일을 도맡아서 지휘하며 날아다니듯이 일을 해내셨다. 그렇게 장례를 돌봐 주고 나면 그 가정이 거의 다 전도가 되어 주님께로 돌아오고 신앙이 든든해지곤 했다.

동네 사람 중 돌아가신 분이 천국에 가는 꿈을 꾼 사람도 있었다.

어머니께 "어머니는 시체 만지는 것이 싫고 무섭지 않으세요?" 물었다. **"시체를 가까이 할 때 기도하고 가면 향내가 진동을 해서 하나도 어렵지 않다."**하신다. 그 당시는 관을 둔 곳을 커튼으로 치고 그 앞에 향을 피우며 장례를 치렀다. 나는 아주 사랑하던 자매가 하늘나라에 가서 위로하느라 2박 3일을 커튼 친 시체 앞에서 지냈는데 '시체 썩는 냄새'가 너무 심해서 혼났는데, 주님을 위해 최선을 다하시는 어머니는 확실히 하나님이 도우셨다.

나도 그 이후로는 장례를 치를 때마다 "도와주세요."라고 기도하면서 임했으나 내 코에 향내는 없었다.

새해에는 목사님이 어머니와 이제 갓 임직을 받은 기도를 더듬거리는 권찰 한 명만 남기시고 구역을 분양하셨다.

연말이 되면 식구들이 많아져서 또 분양을 하신다.

"목사님이 또 이제 막 권찰이 된 한 사람만 남기시고 구역을 나누셨다." 라고 하시며 아쉬워하신다. 사람들은 우리 집 앞으로 지나다닐 때 어머니를 만날까 봐 피해 다닌다.

하도 "예수님 믿으세요. 교회 갑시다." 하니까 많이들 어려워했다.

한번은 그 동네에 살던 사람을 오랜만에 만났다.

"제가 어머니가 하도 전도해서 성가셔서 피해 다른 길로 돌아서 다녔는데 이젠 예수님 아주 잘 믿어요. 어머니께 꼭 전해 주세요. 고마웠다고요."

우리 윗집에 새로 이사 온 젊은 아기 엄마를 보고
"아기 엄마, 예수님 믿어 봤수?" 물었더니,
"아뇨." 쌩긋 웃으며 지나갔다.
그날 이후 이 아기 엄마는 얼마나 믿음이 좋아졌는지 항상 구역 예배 때마다 성경을 100장씩 읽어서 보고하곤 했다.
어머니는 아무리 따라 하려 해도 40장 이상을 넘지 못해서 하루는 물었다.
"무슨 재주로 그렇게 성경을 많이 읽어 올 수 있어요?"
"아침 식사 후 애들 아빠 출근하고 나면 설거지는 물에 담가 놓고 애들끼리 놀게 놓아두고 나는 이불 뒤집어쓰고 성경을 봐요." 아기 엄마가 대답했다.
아, 비결은 여기에 있었다. 후에 그 아이들과 가족 모두 교회의 큰 일꾼이 되었다.

초등학교 때부터 동네 사람들이 구역 예배를 드리러 오면 나도 뭔가 한몫 거들어야 할 것 같아서, 예배를 드리는 분들의 때가 꼬질꼬질 묻은 하얀 고무신을 모두 집 옆 도랑물에 넣고 정성껏 닦고 부지런히 마른걸레로 물기를 말려서 문 앞에 가지런히 놓곤 했다.
신발 씻을 사이도 없이 바쁜 분들이니 칭찬을 아끼지 않으시고 기뻐하셨다. 예배로 은혜도 받고 신발도 새 신발 같으니 나도 한몫을 한 것 같아 뿌듯했다.

하나님, 학교에 가고 싶은데 도와주세요

초등학교를 졸업하며 나는 서울에 있는 중학교에 가는 것이 꿈이었는데 어머니가 "선숙아, 너 중학교 못 보낸다. 오빠 학비 대기도 너무 힘들다." 하시는데 하늘이 무너지는 것 같았다. 그때 시골에 잠깐 있었던 나는 복음 중학교에 1등으로 들어갔으나 어머니는 서울에 계셨기에 있을 곳이 없었다.

진학할 학교 교무실에 찾아가서 "혹시 밥해 줄 아이 필요하신 분 없으세요?"라고 물었다.

여선생님 한 분이 오시더니 잠깐 있어 보라고 하고 잠시 후 오셔서 "우리가 밥해 줄 사람이 필요하다." 하셔서 그때부터 밥을 해 드리며 중학교 1학년을 마칠 수 있었다.

사연은 서울에서 남녀 선생님 두 분이 오셨으나 각각 결혼할 애인이 있고 관사는 하나였다. 애매하던 중에 내가 나타나니 밥 문제보다, 두 선생님이 편안히 지내게 되어 더욱 잘된 일이었단다.

할렐루야!

중학교 1학년을 꿈결같이 마친 후 어머니가 계신 서울에 와서 중학교에 가자니 역시 막막하다. 학비며 생활비며 내가 벌어야 모두 먹고살 수 있을 정도로 우리는 근거지가 없었다.

어머니 친구들은 밤에 집에서 안 잔다. 모두 교회에 가서 철야 예배를 드리고 눈을 좀 붙이고 새벽 기도까지 하고 집에 와 아침 식사를 준비한다.

나도 하도 답답해서 밤에 따라갔다.

맨 앞에 엎드려서 소리소리 지르며 "하나님 나 학교에 가고 싶은데 도와주세요."라고 엉엉 밤새 울면서 어찌나 울부짖었던지 어머니 친구들이 와서 소리 좀 줄이란다.

더 고래고래 소리를 지르며 하나님께 반항하며 졸라 댔다.

그날 밤 이후 아랫집 아주머니가 혹시 학교에서 심부름을 할 수 있냐고 우연히 물으셨다. 나는 물론 "OK!" 했다. 학교에서 급사로 심부름을 하고 월급은 그 당시 쌀 한 가마 정도의 돈을 받고, 학교도 야간 중학교 2학년에 편입했다.

와! 기도는 최고다!

하룻밤 울고불고했더니 우리 식구 모두 먹고 남을 양식과 학교까지 해결해 주시다니! 내가 잘나서 그런 줄 알았는데 눈물 뿌려 기도하신 어머니의 후광이었다.

그런 내가 하나님의 기적은 까먹고 고등학교를 졸업하고 우쭐해져 대학교에 안 보내 준다고 돈독이 올라서 앙탈하며 하나님께 칭얼댔다.

그런 나를 어떻게든 사람을 만들어 보려고 어머니가 친구 남편 장로님께 "우리 애 좀 붙들어 주세요." 부탁했더니 그 장로님이 나를 보시고는 "저런 애는 사람 안 됩니다." 하셨단다. 그때부터 어머니는 금식하며 하나님께 매달렸다.

내가 변화되어서 새벽 기도로 시작해서 교회에서 살다시피 하는 나를, 어머니 친구 장로님이 기도하시며 생각하시는 줄을 몰랐다.

그러다 친구 아버지의 소개로 작은 회사에 들어갔건만 그리스도인의 생활도 충실하게 못 하고, 앞날이 불투명하니 위통 신경병이 다시 재발했다. 삶이 즐거움이 없고 힘들기만 했다. 결국 마음이 자꾸 무거워져서 회사에 사표를 냈다. 어머니가 잘 가시는 기도원에 가서 기도하기로 했다. 그곳에 가니 모든 사람이 금식 기도를 밥 먹듯 한다. 나도 이왕이면 금식하다 죽는 것이 낫겠다 싶어서 금식 기도를 시작했다. 40일 기도가 유행이니 나도 그리할까 생각했고 금식을 시작했다.

　　내 마음으로는 응답을 안 해 주시면 40일 아니라 그냥 기도하다 죽을 각오였다. '나는 어디로 가야 하나.' 이것이 기도 제목이었다. 아무리 하나님이라도 응답을 주실 것 같지 않았다. 그러다가 30일이 되니 정말 죽음이 왔다 갔다 했다. 목숨이 끊어진다 생각하니 참기 어려운 고통 속에서 주님께 내 생명 마음대로 하시라고 나도 모르게 두 손 두 발 다 들고 하나님께 항복했다. "알아서 해 주십시오. 이 기도 기간 40일이 끝나면 첫 번째 열어 주시는 길로 가겠습니다."라고 나도 모르게 말씀을 드렸다. 그 후 다시 새 힘이 솟기 시작했다. 아는 친구가 어느 회사에 자리가 있는데 오라고 편지를 보내서, 기도 기간이니 못 간다고 하고 기도 기간을 채우고 집에 왔다. 아무 데서도 일자리가 안 나타났다. 그런데 어머니 친구 남편 장로님이 신학교에 가라는 제안을 하기 위해 나타나신 것이다.

하나님은 나를 기다려 주시며 돌보아 주셨다

남석봉 장로님은 주일 학교 교사로 죽을 둥 살 둥 하며 섬기는 나를 부르실 때면 항상 "황 선생!" 하며 깍듯이 대해 주셨다. 한 번도 경어를 놓치신 일이 없으셨다.

장로님이 어린이 전도 협회에서 교사 훈련이 있다고 가라고 하셔서 원우연 목사님의 가르침을 받았다. 글 없는 책이며 어린이 신앙 육성과 전도 설교 등 많은 것을 배우며 내 신앙은 무럭무럭 자랐다. 여름 성경 학교 때 이 글 없는 책으로 설교할 때는 나도 울고 어린이들도 울며 큰 은혜를 경험하곤 했다.

> "나는야 친구 되신 하나님과 푸른 초장 한없이 거니네.
> 손을 잡고 기쁨을 나누면서 단둘이서 한없이 거니네.
> 지나간 날들 내게 말씀하며 앞날의 될 일 내가 들을 때
> 믿을 수 없는 꿈만 같은 세상 믿으니 이 세상 천국 같아.
> 나는야 친구 되신 하나님과 영원히 다정하게 지내리.
> 천지는 모두 없어진다 해도 우린 영원히 지내게 되리."

이렇게 꿈만 같이, 구름 위를 걷듯이 성장해 갔다.

그러나 어디로 무엇을 향해 가야 하는지가 뚜렷하지 않아서 금식 기도를 한 것이다. 어느 날 새벽 기도를 제일 늦게까지 하고 있는데 담임 목사님이 오셔서 "황 선생, 신학교 갈 생각이 있으면 나한테 얘기해요." 하셨으나 나는 속으로 '나같이 비천한 것이 무슨 신학교를요. 나보다 나은 사람이 가야지요.' 하고 나는 그 말씀을 저만치로 버리고 까맣게 잊어버렸다. 목사님 말씀도 신학교 4학년 때에 생각이 날 정도로 아주 지워 버렸었다. 나를 눈여겨보며 기도하시는 분들은 하나님의 표지판을 보셨으나 나는 볼 눈이 아직 없었던 것이다.

어느 설날 갑자기 남석봉 장로님 내외분이 선물을 잔뜩 가지고 사당동 산동네 판자촌 우리 집에 찾아오셔서 어머니께 말씀하셨다.

"황 선생을 신학교에 보내게 허락해 주세요, 권사님!"

"나는 그 애는 하나님께 바칠 생각이 없습니다. 정 그러시면 그 애한테 물어보시지요." 어머니는 정말 나를 하나님 일을 할 아이로 생각하지 않으셨다.

이 말씀을 듣는 나도 그랬다. '감히 나 따위가 언감생심 신학교냐. 좀 더 낫고 거룩한 사람들이 가야지.' 이런 심정이었다. 나는 생활비를 벌어야 한다는 생각만 가득했다.

그러나 장로님 내외분 성의를 봐서 시험은 치르겠다고 하고 선심 쓰듯이 서울신학대학 입학시험을 보았다. 후에 보니 성경 시험은 1등이란다. 그렇게 밥맛도 모르고 식사하듯이 신학 맛도 모르며 충정로 신학교 교정을 밟았다.

장로님은 등록금을 다 치르시고 나보고 학교에 가라고 하셨다.

사흘 금식 기도를 했으나 아무 응답이 없어서 확신이 없는 채로 입학식 날 어정쩡하게 학교에 갔다. 기숙사에 들어갔는데 그날 저녁, 장로님은 노트를 20권 이상, 다른 문구류와 기숙사생들과 나눠 먹을 간식거리까지 사오셔서 나를 격려해 주셨다. 그렇게 나는 믿음 여정의 한 획을 그었다.

그다음 학기에도 내가 알바를 하는 것으로는 학비와 집 생활비가 감당이 안 되니 신학교를 그만두는 것밖에 별도리가 없는 것 같았다. 어머니 친구 권사님은 내 등록금 고지서를 교회 강단 앞에 펴 놓으시고 하나님께 부르짖으셨단다. 그 권사님이 애타게 기도해 주신 것은 본인이 하나님의 부르심을 분명히 받고 신학교에 가려 했으나, 장로님의 간곡한 청혼으로 종의 길을 못 걸으신 안타까움까지 사무쳤던 것이었다. 그리고 '황 선생'은 분명한 주님의 종이라는 확신이 들어서 더 애타게 기도하셨던 것 같다. 1학년 2학기에도 권사님 주선으로 등록금은 해결되었으나 나는 하나님의 부르심에 확증이 없었던 터라 고달프게 1학년을 마쳤다.

교회 장로님이 교육청에 아시는 분이 계셔서 '알바' 자리를 알아봐 달라고 하니 초등학교에서 주민 대상으로 한글을 가르치는 일자리를 주셨다. 생활비는 조금 넉넉해졌으나 고달픈 몸은 버스 손잡이를 잡고 단잠을 잘 정도로 힘들었다. 그야말로 신학을 공부하는 맛은 썼다.

그즈음에 룸메이트가 나를 소개하여 동양선교회(OMS) 한국 지부 성경 통신 학교 담당으로 일을 하게 되니, 공부는 둘째이고 몸이 찢어질 지경이었다. 드디어 하나님이 내 마음이 가난해졌을 때 동양선교회 일만 하기로 가닥을 잡아 주셨다. 그제야 신학이 눈에 들어오고 강의실에서 교수님 말씀이 이해되기 시작했다. 선교사님이 가르치신 현대 신학 강의는 귀에 하나도 안 들어오고 책은 안 읽혀서, 학우가 작성한 리포트를 빌려서 축약하여 제출하기도 했다. 후에 얼마나 성령께서 책망하시는지 교수님을 찾아가서 학우의 리포트를 베꼈다고 자백하고 나니 마음이 평안해졌다. 주여! 이 못난이를 어찌하오리까? 이리도 시원치 않은 나를 하나님은 기다려 주시며 돌보아 주셨다.

내 아버지 집에 거할 곳이 많도다

어머니는 말년에 저금을 해서 모은 돈 1천만 원과 금붙이 조금 있는 것을 다 우리 강변교회 재건축 헌금으로 드리셨다. 새벽 기도를 예물을 드리시며 여러 번 하시고, 새벽에 제일 일찍 가서 강대상을 깨끗이 닦는 봉사도 여러 번 하셨다.

과부의 생활비 전부인 두 렙돈을 누구보다 많이 드렸다고 칭찬하신 주님께서 어머니의 헌금도 기쁘게 받으셨으리라 생각한다.

내가 퇴근을 하면 어머니는 말씀하신다.

"애! 나 천국 가고 싶어!"

"어머니, 때가 되면 주님이 오셔서 데려가실 거예요." 내가 말씀드린다.

"난 어서어서 천국에 빨리 가고 싶어. 어젯밤에도 천국 꿈을 꾸었어."

어머니가 가정예배 때 가장 좋아하시던 찬송은

찬송가 490장 〈주여 지난밤 내 꿈에〉이다.

내가 이 찬송을 선곡하면 나도 이 찬송을 부르려고 했다고 하시며 좋아하셨다.

어느 날 아침, 주님은 어머니를 하나님 나라로 홀연히 모셔 가셨다.

손녀딸 꿈에 보니 어머니가 주님을 만나서

"주님 뵙고 싶었어요." 하니 주님은 **"사랑한다, 내 딸아."** 하시면서 두 팔 벌려 안아 주셨단다.

"감사합니다, 주님! 어머니를 안고 업고 눈물을 닦아 주시고 끝내 그 아름다운 천국으로 인도해 주셔서요."

"나의 큰 바위 얼굴 우리 어머니!"

"너희는 마음에 근심하지 말라." (나)

"하나님을 믿으니 또 나를 믿으라." (어머니)

"내 아버지 집에 거할 곳이 많도다." (나)

"그렇지 않으면 너희에게 일렀으리라." (어머니)

"내가 너희를 위하여 처소를 예비하러 가노니." (나)

"가서 너희를 위하여 처소를 예비하면." (어머니)

"내가 다시 와서 너희를 내게로 영접하여." (나)

"나 있는 곳에 너희도 있게 하리라." (어머니)

잠이 들기 전, 어머니는 침대에 누우셔서, 나는 바닥에 누워서 종종 **요한복음 14장**을 교송하곤 했다.

최고의 훈련장,
선교회로 인도하시다

신학교에서 내 꼿꼿한 성격을 꺾으시다

신학교에 입학하여 여자 기숙사 1층 입구 쪽 첫 방에 배정되었다.

밤에 자는데 뭔가 창문에 어른거리고 오르락내리락하는 것 같았으나 신경 쓰지 않고 잤다.

이튿날 사감 선생님이 모두 소집해서 영문도 모른 채 모임실로 갔다.

선생님이 비장한 얼굴로 어젯밤 늦게 창문으로 몰래 들어온 학생은 기회를 줄 테니 자백하라고 하신다.

여학생들은 선후배 할 것 없이 끽소리 없이 가만히 있었다.

사감 선생님이 갑자기 나를 지목하시더니, 신입생이 돼서 발칙하게 첫날 밤부터 도둑 출입을 하고 왜 자백을 하지 않느냐고 호통을 치셨다. 아니라고 난 모르는 일이라고 해도 끝내 믿어 주지 않으셨다. 그날 밤 내내 너무 억울했다. 내 얼굴이 그리도 발칙해 보였나 보다. 아직도 세파에 찌든 때가 더덕더덕 묻어서였을까?

'무슨 신학교가 이따위야. 당장 학장을 찾아가서 따져야겠다.' 생각하며 울근불근 씩씩거리면서 꼬박 밤을 새웠다.

룸메이트는 뭘 아는 모양인데 얘기를 안 해 주고 나보고 무조건 참으란다.

홀딱 밤을 새우고 속상해서 집에 가려고 버스를 타고 머리를 창문에 기대었는데 밖에서 웬 아이가 내 머리를 팡 때렸다. 바로 일어나서 그 녀석을 쫓아가 응징을 하려는데 버스는 부웅 떠나 버리고 말았다.

엎친 데 덮친 격이었다.

그날 금요 철야 기도가 있기에 교회에 가서 한껏 찡그리고 용을 쓰고 있는데 어머니가 오셨다. "무슨 일인지 모르지만 네가 참아라." 하셨다.

그때 느꼈다. 내가 아무리 대쪽 같은 성격에 의협심이 많아도 그것은 부러져야만 한다는 것을! 야곱이 왜 평생 절뚝거렸는지 알 것 같았다.

후일 친구들이 말하길 2층 애들이 늦게 오면 우리 창문을 타고 올라가곤 했단다.

거긴 유명한 목사님 딸도 있었다.

"내가 아무리 급해도 너의 꺾이지 않는 성격은 안 쓴다!" 하나님이 말씀하시는 것 같았다. "네 성격은 내 사역에 안 쓴다." 늘 내 머리에 맴돌았다.

그 누명 사건은 내 꼿꼿한 성격을 딱 부러뜨렸다. 그 이후 한 번도 불같은 내 성격을 사역이나 어디에 사용해 본 일이 없다. 완전히 부러진 것이다. 의협심, 그것은 휴지통 불쏘시개에 지나지 않는다.

나는 초등학교 3학년 때 동네 아주머니한테 윗물에서 똥 빨래를 한다고 대들었다.

초등학교 6학년 때는 애들이 전학 온 나를 왕따시킨다고 교장선생님께 편지를 보내 학교를 발칵 뒤집어 놓았다.

고등학교 때는 선생님이 급사에게 차별 대우를 한다고 바락바락 대들었다.

졸업식 때도 사감 선생님이 비싼 카메라가 없어졌다고 또 나를 지목하시고 야단을 하셨다. 그때는 억울하지도 않았다. 변명 한마디도 안 했다. 이미 내 성격이 부러져 부드러워졌기 때문이다.

그 후에 사람들을 통해서 내 귀에 들린 이야기다.
사감 선생님이 "선숙이는 하나님의 훌륭한 여종이다."라고 하셨단다.
변명도 변변히 못 해 본 나였는데 누가 변호해 주었을까?

신학교에 들어가자마자 누명을 쓰게 하시고 끝까지 내 성격을 손보신 하나님의 섭리에 참 감사하다. 어떤 목사님은 교회가 300명 이상으로 부흥했는데 딱 하나 터줏대감 장로님이 너무 못되게 하셔서 1:1로 맞짱을 뜨셨단다. 목사님이 이기기는 했는데 그 이후로 장로님은 교회를 뜨시고 동네에 "저 교회는 목사님이 쌈쟁이래." 소문이 나면서 교인이 줄어들기 시작했단다. 은퇴하실 때 가 보니 목사님 가족과 억지로 붙어 있는 6명만 남아 있었다. "목사는 성질이 죽어야 돼." 하시던 어떤 목사님의 절규가 생각난다.

나도 이렇게 호되게 초반에 다루시지 않았으면 성격 강한 내가 얼마나 못난 모양으로 하나님 영광을 가렸을지…. 에구, 주여! 감사합니다.

히브리서 12장 7~8절 말씀이 늘 어려움 앞의 나를 붙들어 준다.

"너희가 참음은 징계를 받기 위함이라. 하나님이 아들과 같이 너희를 대우하시나니 어찌 아버지가 징계하지 않는 아들이 있으리요. 징계는 다 받는 것이거늘 너희에게 없으면 사생자요, 친아들이 아니니라."

안방에 예수님이 계신다면

오라버니 식구들과 함께 사당동 산등성이에 살 때 첫아기 출산일이 가까 웠다. 산부인과는 엄두도 못 낼 때인데 친정에 몸을 풀러 갔던 올케가 남산 만 한 배를 안고 하꼬방 우리 집으로 들이닥쳤다. 친정어머니가 그 집 씨는 그 집에 가서 낳으라고 쫓아 보내셨다는 것이다. 아이고, 두야!

배냇저고리 하나 준비하지 못했는데 어머니 전화를 받고 허겁지겁 준비 를 했다. 어머니는 벌벌 떨면서 첫 손주를 집에서 받았다. 얼마나 많은 출 산 빨래가 나오는지 걷잡을 수 없었다.

그 많은 빨래를 하기 위해 언덕에서 내려가서 졸졸 나오는 물을 초롱에 받아서 물지게를 지고 오르는 일은 오롯이 나의 몫이었다. 선교회에 갔다 가 녹초가 되어 왔지만, 그 밤에 물을 한없이 길어 올려야 했다. 오라버니 는 수줍음이 많아서 안 되고 어머니는 연세가 드셔서 못 하셨다. 한 열흘 묵묵히 길어 올리다가 화가 났다.

"주님, 나 더 이상 못 해요. 이젠 지칠 대로 지쳤어요." 하며 투덜투덜 주 님 앞에서 생쇼를 했다.

그때 마침 케이스 글라스 선교사님이 주관하시는 선교 잡지를 구독하고 있었다.

"누구든지 하나님을 사랑하노라 하고 그 형제를 미워하면 이는 거짓말하는 자니 보는 바 그 형제를 사랑하지 아니하는 자는 보지 못하는 바 하나님을 사랑할 수 없느니라." (요일 4:20)

이 말씀을 구구절절 해설하는데 갑자기 눈앞에 어떤 광경이 보였다.

우리 집 안방 아랫목에 예수님이 누워 계셨다. 너무 놀랐다. 올케가 누워 있는 곳에 예수님이 계시며 "올케를 예수님 공경한다고 생각해라." 하시는 것 같았다.

얼굴이 화끈거리며 불평한 내가 너무 부끄러웠다. 그때 주님이 말씀하셨다.

"네 집에 내가 와서 몸져누워 있다면 그래도 불평하겠느냐?"

"아뇨, 주님이시라면 1년이고 10년이고 물을 길어 올려 섬겨도 한없이 기쁘죠." 대답했다.

"올케를 나라고 생각해라." 하셨다.

그날 이후 뒤뚱뒤뚱 리듬을 타 가면서 물지게를 지며 날아갈 듯이 기쁘게 물을 길어 올렸다. 사무실 언니가 쇠고기까지 사 주어서 산모를 귀하디 귀하게 섬길 수 있었다.

잔디밭에서 천국을 발견하다

신학교 초기 생활은 참 어려움이 많았다. 내 모자람의 판도라 상자가 열린 것 같았다.

선배들과 교수님들께 잔뜩 기대하고 들어갔는데 왜 그리도 내 눈엔 흠만 보이는지 아직도 '나만 잘난' 못난이가 속에 웅크리고 있어서 그런 것 같았다.

성경에는 "심령이 가난한 자는 복이 있나니 천국이 저희 것임이요."라고 말씀하셨건만 내 눈엔 피곤과 오류투성이 신학 환경이었다.

알바를 두 개씩 하려니 잠은 두어 시간 자게 되고 날마다 허겁지겁 죽을 지경이었다.

한 곳에서는 집 생활비를 벌고, 동양선교회에서 일해서 번 것은 내 학비와 생활비로 썼다. 몸은 못 견디겠다고 하고 공부를 할 여력도 없었다. 내가 구해 놓고 막상 주시니 감당이 안 됐다.

"하나님! 피곤해서 너무 힘들어요!"

어느 날 밤, 두 시쯤 되어 일하다가 하늘을 보고 부르짖었다.

"그럼 일 하나를 그만두면 되지." 하늘에서 소리가 난다.

"어느 것을 놓아요?" 물으니 큰돈 들어오는 것은 그만두고 적은 수입의 동양선교회 일을 하라고 하시는 것 같았다. "그럼 그러죠." 하고 대답하자 마음이 선뜻 정리된다. 평소 같으면 영악한 내가 왜 큰 수입을 그만둬야 하냐고 따졌을 텐데 그냥 받아들였다.

또 한 가지를 요청했다.
"하나님, 이 세상에는 천국이 없는 건데 성경을 잘못 기록하셨나 봐요. 이것이 사실이면 진짜 천국으로 저 좀 빨리 데려가 주세요."

며칠 안 되어 선교회에 새로 오신 한국 총무님과 오리엔테이션 담당 언니가 죠이선교회 기도회 모임으로 나를 인도했다. 그 당시 선교사님들과 관계된 곳을 빌려서 모임을 하였는데 어느 날 내가 조금 늦게 도착했다. 전체 모임 전에 잔디밭에서 소그룹으로 모여 한 주간의 삶을 나누는 그 모습은 예수님 말씀을 들으러 온 사람들이 벳새다 들녘에 옹기종기 모여 떡을 나누는 것처럼 보였다.
이 소그룹 모임은 주간 중의 삶을 돌아가며 나누고 서로서로 위로와 기쁨을 함께하고 찬양하며 서로 기도해 준다. 아련히 보이는 이 모습은 나를 황홀케 했다.

'와 여기가 지상 천국이구나. 이렇게 천국이 임하여 있구나!'

마음에 깊은 평화가 와닿았다.
그때 이후로 예수님과 진정한 교제를 하는 분들 속에 천국이 이루어지는 것을 나도 진하게 경험하며 이미 임한 하늘나라를 그 속에서 자주 보았다.

처음 죠이선교회에 갔을 때 충격으로 내게 다가온 것은 거기에 모인 대부분의 대학생이 아침 식사는 거를지라도 성경을 읽고 기도하고 주님과 교제한 후 하루를 살아 내는 것이었다. 그리고 삶에 이 말씀이 역사한 것을 모임에서 구체적으로 나누었다.

신학도인 나도 성경 읽기가 들쭉날쭉했는데 너무 부끄러웠다. 어찌하든 이들처럼 성경 읽기와 기도와 예수님과의 교제가 나에게도 정착되기를 바라며 기를 썼다. 너무 피곤하니 입에 쓴 커피를 들이부으며 눈을 뜨고 성경으로 달려가는 아침 전쟁을 한 일 년간 하고 나니 겨우 정착되는가 싶었다. 방학 때도 이 리듬을 지키기 위해 새벽 4시에 반드시 기상해서 하루를 시작했다. 교회 새벽 기도와는 별도의 주님과의 오롯한 시간이었다.

그때 팀 라헤이 목사님이 오셔서 "No Bible, No Breakfast!"를 외치셨다. 이는 나의 평생 지침이 되어 '아침마다 주님의 영광을 보고' 시작하게 했다. 주님께서 친히 베풀어 주시는 아침 식탁의 말씀 교제와 그 뜻에 의한 기도는 내 삶을 주님 손에 맡기고 점점 주님과의 친밀감을 높여 주었다.

"내 눈 여소서. 주 볼 수 있도록.
눈을 주님께 돌려 그 영광의 얼굴 보라!"
나의 기도이며 찬송이었다.

교회 시무를 할 때도 이 시간을 확보하기 위해 목숨을 걸었다. 그렇지 않으면 내 믿음은 교회 교인들 밑바닥에서 헤맬 것 같았다.
주님은 새벽마다 내 하루를 위해 만찬을 준비하시고 "얘, 아침 먹어라!" 하시기 때문이다. 이 시간을 지켜 내니 언제 설교 차례가 와도 문제가 없었다. 원고 정리를 할 시간이 없으면 큐티 노트를 들고 나가도 될 정도로 주님은 이 시간을 기뻐하시고 많은 만나를 풍성하게 차려 주셨다.

교회 새벽 기도회와 별도의 시간을 내는 것이기에 때로는 새벽 3시에, 또는 새벽 6시에 주님은 나를 기다려 주시고 굶주린 내 영혼의 배를 채워 주시고 생명의 떡과 생수를 마시게 해 주시곤 했다.

말씀에 순종해 언니에게 용서를 구했다

미국에서 한창 일어난 부흥의 물결을 타고 동양선교회(OMS) 소속으로 우리나라에 오신 선교사님들의 사역에 대부흥이 일어나 성령 충만을 받아 성결교단이 탄생했다. 1960년대에는 우리나라에서 선교하는 선교 단체들이 우편을 이용하는 성경 공부를 많이 했다. 동양선교회 한국지부에서도 여러 선교 활동을 펼쳤는데 그중 문서 선교 활동이 '기쁜소식 성경통신학교'였다.

'기쁜소식 성경통신학교' 교재는 요한복음을 7과로 나누어서 무료로 복음을 우편으로 전했다.

상당히 효과적인 복음 전도 방법이었다. 딱 7과만 공부해도 거의 다 예수님을 구주로 영접하였다.

미국에서 빅토리 농구 팀이 오면 경기 후 성경 통신 공부 신청서를 나누어 주고 신청자에게 1과를 발송했다. 답지와 아울러 7명의 친구 명단을 소개하게 하고 또 그들에게 1과를 보냈다. 이렇게 기하급수적으로 신청자가 늘어나기에 채점하고 질문에 답해 주고 하느라 내 책상에는 산더미같이 채점지가 쌓였다. 전라남도 신안 지역에서 특별히 신청하는 분들이 쇄도했다. 아마도 전 도민이 다 했을 것같이 신청자가 많았다.

여기 오신 동양선교회 한국지부 선교사님들은 모든 생활비를 팀장부터 신임까지 균등하게 나누는 게 인상적이었다. 각자 하는 일은 달라도 생활비는 모두 같게 했다.

어디서 강사비를 받으면 전부 선교회 본부에 드리니 개인 별도 수입은 없었다.

내가 모신 지열 클라이드 선교사님은 기쁜소식 성경통신학교를 운영하셨다. 선교사님이 한국말을 많이 배우셔서 의사소통의 문제는 별로 없었다.

에스프레소 국산 커피 한 잔을 받으시고도 칭찬을 폭풍같이 하시며 나를 격려해 주셨다. 그때 국산 커피는 맥스웰 한 가지뿐이었다.

한번은 내 월급날 선교사님이 깜박하시고 선교관으로 가셨다.

나는 매우 서운했다. 쓸 데가 많았으니까.

늦게까지 성경만 들여다보고 있는데 **잠언 29장 26절**이 눈에 들어왔다.

"주권자에게 은혜를 구하는 자가 많으나
사람의 일의 작정은 여호와께로 말미암느니라."

이 말씀은 내 평생의 재정 지침이 되었다. 나의 주권자는 하나님이시므로 오직 하나님께 은혜를 구하고 사람에게 일희일비하지 않을 것을 가르쳐 주셨다. 그날 섭섭한 마음이 훅 날아가 버리고 발걸음 가벼이 퇴근을 했다.

이튿날 선교사님은 너무 미안해하시며 얼마나 따뜻하게 대해 주시는지 내가 황송할 정도였다. 감사했다. 오직 나의 주권자가 되신 하나님만 바란다.

한번은 이제 막 삭발하고 출가하여 절에 들어가려는 분에게서 사연과 질문이 왔다.

절에 들어가는 결정을 포기해야 하는지 답을 알려 달라는 것이었다.

너무 사안이 중대하여 내 멘토이신 분께 의논하고, 후일 죠이선교회 대표가 되신 분까지 나서서 어려운 질문들을 여러 번 답신해 주어 그분은 절에 들어가지 않고 주님께 인도되어 거듭나는 역사도 일어났다.

나도 계속 신앙의 발전을 거듭했다.

《자아가 죽을 때》라는 책을 읽고 얼마나 떨리는지 눈물 콧물 쏟으며 주님께 자백하고 회개했다.

하나님의 인도하심을 내 죄의 덩어리 자아가 가로막고 있었음을 그 책은 구구절절이 가르쳐 주고 있었다. 어쭙잖게 신앙 자랑을 하며 청년회 일을 한 것이 창피했다. 한편으로는 잘못된 원인을 알게 되어 속이 시원했다.

자연인 나는 성령을 담을 수 없다.

자아가 완전히 죽어야 진정으로 원하는 성령의 인도하심을 받을 수 있음을 알게 되어 너무너무 고마웠다.

특히 **히브리서 4장 12~13절**은 내 자아 깊숙이 말씀의 칼을 들이밀었다.

> **"하나님의 말씀은 살아 있고 활력이 있어 좌우에 날 선 검보다도**
> **예리하여 혼과 영과 및 관절과 골수를 찔러 쪼개기까지 하며 또**
> **마음의 생각과 뜻을 판단하나니**
> **지으신 것이 하나도 그 앞에 나타나지 않음이 없고 우리의 결산을**
> **받으실 이의 눈앞에 벌거벗은 것같이 드러나느니라."**

많이 울고 많이 깨닫고 주님 앞에서 세례를 받은 것 같게 하는 책이었다. 자아를 악살박살 내는 메시지였다. 지금도 이 구절을 떠올리면 말씀의 칼

이 날아오르며 나를 새롭게 한다.

《카타콤의 순교자》는 밤새 카타콤으로 나를 인도하며 흥분하게 했다. 그리스도인들이 목숨을 내놓고 믿음을 지키는 장면이 생생하게 표현되어 있었다. **요한계시록 1장 5~6절**이 그들의 주제 찬송이요, 삶이었던 것이 내 가슴에 절절히 와닿으며 나도 그 토굴에서 함께 주님을 찬양하는 듯 느껴졌다.

> **"우리를 사랑하사 그의 피로 우리 죄에서 우리를 해방하시고, 그의 아버지 하나님을 위하여 우리를 나라와 제사장으로 삼으신 그에게 영광과 능력이 세세토록 있기를 원하노라. 아멘."**

모진 핍박과 고통의 현실에서 이분들은 하나님의 나라가 임하실 것을 굳게 믿었다.

그리스도 보혈의 피를 자기 자신들의 생명보다 소중하게 여겼다.

또한 그 나라가 이루어지도록 믿음을 지켜 내기 위해, 끝까지 생명을 값으로 치르며 승리했다. 자손 대대로 그들은 이 복음을 지키는 일을 해냈다.

나는 이 믿음의 대열에 합류해 있음을 영광스럽게 감사하며 눈물로 화답했다.

형제들 집에서 성경 공부를 하고 나오는 날은 은혜가 넘쳐흘렀다. 어떤 날은 버스를 타고 나 혼자 성찬식을 했다. "아무 흠도 없고 거룩하신 하나님의 어리신 양 죽임을 당했네." 찬송을 펴서 속으로 부르며 눈물을 줄줄 흘리곤 했다. 흔들리는 나뭇가지들을 보면 한 이파리도 같이 흔들지 않고 저마다 다르게 흔들며 하나님을 찬양했다. 햇빛에 비친 나뭇잎들은 이 세상에서 처음 보는 빛처럼 나를 황홀케 했다. 창세기 1장의 빛, 주님이 비추신 요한복음의 주님 생명 안의 빛! 모든 만물이 하나님을 증거하고 그 사랑을 나타내고 있음이 보여 찬양과 환호가 나를 가득 채우곤 했다.

　이렇게 말씀을 가까이하며 사무실에서도 주님은 나에게 수시로 인간관계를 교정해 주셨다. 한번은 사무실 언니와 조금 의사가 충돌하여 언짢게 되었다. 내 자리에 돌아와서 성경을 폈는데 **골로새서 3장 12~15절**이 눈에 들어왔다.

> **"그러므로 너희는 하나님이 택하사 거룩하고 사랑받는 자처럼 긍휼과 자비와 겸손과 온유와 오래 참음을 옷 입고**
> **누가 누구에게 불만이 있거든 서로 용납하여 피차 용서하되 주께서 너희를 용서하신 것 같이 너희도 그리하고**
> **이 모든 것 위에 사랑을 더하라. 이는 온전하게 매는 띠니라.**
> **그리스도의 평강이 너희 마음을 주장하게 하라."**

　이 말씀이 나를 뜨끔하게 했다. 평안의 띠를 내가 끊어 놓을 뻔한 것을 알았다. 즉시 로비에 계신 믿음의 언니에게 이 말씀을 보여 주며 내가 오래 기다리지 못하고 겸손하지 못하여 불협화음이 일어나게 한 것을 자백하고 용서를 구했다. 그 언니도 조금 찜찜하던 차에 나의 고백을 듣고 모자라는 나를 용서해 주었다. 그 이후 우리는 급격하게 사이가 좋아졌다. 믿음은 한 발 더 앞으로 나갔다.

사랑은 무례히 행치 아니한다

이때는 어머니 친구 중에도 은사자가 많았다.

예언, 방언, 신유, 투시, 방언 통역, 능력 행함 등의 표면적인 은사를 제일 많이 선호했고 또 추구했다.

우리 어머니도 이 모든 은사를 받으시고 전도와 양육 생활에 매진하셨다.

나는 내 인생을 누가 꿰뚫어 본다는 것이 죽기보다 싫었다.

그래서 간구했다. "주님, 어떤 투시 은사를 가진 어머니 친구도, 내 생애를 들여다보지 못하게 해 주세요." 과연 하나님은 이 기도를 신실하게 들어주셨다. 어머니 친구들은 기도를 많이 하기로 소문난 분들이지만 그 누구도 나를 통과하지는 않으셨다. 인격적이신 하나님이시다.

나는 방언은 하지만 통역 은사는 못 받았다. 어머니가 통역해 주시면 '아! 성령께서는 나를 위해 이렇게 간구하시는구나.' 하며 심령의 깊은 울림으로 화답할 수 있었다. 아무리 열심히 기도해도 통역 은사는 안 주셨다.

그러나 **고린도전서 14장** 말씀은 내게 깊이 와닿았다.

> "그러나 교회에서 네가 남을 가르치기 위하여 깨달은 마음으로 다섯 마디 말을 하는 것이 일만 마디 방언으로 말하는 것보다 나으니라." (고전 14:19)

"모든 것을 덕을 세우기 위하여 하라." (고전 14:26)

하나님의 말씀이 알고 싶고 또 깨닫고 싶고 잘 전하고 싶은 마음이 아주 간절했다. 그래서 하나님의 말씀에 매달리게 되었다.

후일 서울 강변교회(이촌동)에서 초기 사역을 할 때 은사에 대한 아픈 일화가 있다.

믿음이 좀 시원치 않은 부유한 가정에서 심방 요청이 있기에 약속을 하고 갔다.

근데 그 당시 은사자로 유명한 다른 교회 권사님이 오셔서 이미 예배를 시작하고 있었다. 다른 분도 오신다는 말은 들은 일이 없어서 당황했다.

이 권사님은 은사자로 소문이 나서, 나도 이분이 충정로에 계실 때 우리 신학생들과 함께 우르르 가서 기도를 받은 일도 있었다. 그때 특별한 예언은 없었다.

그 권사님도 좀 머쓱해 보였는데, 나보고 예배 일부를 담당하란다.

'뭐야, 이거? 아무리 큰 은사자여도 이럴 수가 있나? 다른 교회 교인을 심방하며 담임 지도 교역자에게 양해도 없이 심방하다니?'

우리 동네에 온 김에 이 집에 들렀다는 것이다. 맘대로다.

예배 인도를 혼자 하시라고 하고 나는 그냥 참여했다.

그분은 뭐라고 기도를 하는데, 참담한 초짜 전도사인 내게 하나님이 말씀을 또렷이 주셨다.

"사랑은 무례히 행치 아니한다."

　너무 확실하게 말씀하셔서 평생 내 귓가에 맴도는 말씀이다. 이 말씀을 들으며 나의 속상함은 씻은 듯이 나았다. **고린도전서 13장 5절**이 이렇게 위대한 줄 몰랐다.

　그 후에도 교회의 질서와 관계없이 무상출입을 하시는 것 같은 소식을 들었다.

　유명 기도원에 가 보아도 봉사자들을 비롯해서 은사자들의 태도가 은혜를 받으러 오신 분들에게 불친절하고 무례함을 볼 때가 많았다.

　은사를 많이 받는 것도 중요하지만 하나님 말씀을 깨닫고 실행하며 삶으로 전하는 것이 중요함을 깊이 가슴에 새겼다.

　하나님은 한 번도 내게 무례하신 법이 없었다. 항상 포근하고 신사적이셨다.

　사도 바울은 남의 닦아 둔 터에 건축하지 않는다고 함을 알 것 같았다.

　그 사건 이후에는 어떤 주님의 사역자들이 어떤 모습으로 나를 슬프게 해도 내 두 다리는 휘청거리지 않는다. 주님은 내게 한 번도 실례하신 일이 없으시니까, 내가 교회의 작은 사역자에 지나지 않아도 주님은 나를 필요로 하시니까 찬송하며 걷는다.

하나님의 섭리에 순종하는 기쁨

나는 더 주님과 친밀하게 교제하고 싶어서 독립하려고 했다.

그러나 20만 원을 모으면 방 전세가 30만 원으로 오르고, 30만 원을 모으면 40만 원으로 올라서 꼭 10만 원이 부족하곤 했다.

그 당시 대학생 복음전도협회(C.C.C.와 IVF 등 여러 캠퍼스를 전도하는 복음적인 단체 모임) 대표자 모임을 선교회마다 돌아가면서 했는데, 우리 죠이선교회 차례가 되었다. 각 단체 대표가 각 단체의 모임을 어떻게 시작하게 되었는지 말하는 간증 시간을 가졌다.

현재 유명한 대학생 전도 단체를 시작한 분이 간증을 했다.

믿는 대학생이 많아지자 이들을 양육할 공간이 부족했다. 이분이 결혼하게 되자 배우자와 약속을 했다. 방 한 칸을 얻어서 반은 본인들의 생활 공간으로, 반은 커튼을 치고 대학생 양육 공간으로 썼다. 그렇게 그들의 신앙이 성장하도록 함께 생활하면서 도운 것이 오늘의 모임으로 성장하게 되었다고 했다.

이 말씀을 들으면서 누가 내 머리를 쾅! 내리치는 것같이 울림이 왔다.

"너는 겨우 너 혼자 편히 살려고 독립하려느냐?"

하나님이 물으시는 것 같았고 얼굴이 화끈 달아오르며 부끄러웠다.

"주님! 근데 저는 아침에 출근하고 저녁에 와서 밥 먹고 자는 시간밖에 없어요."

내가 대답했다.

"나는 네가 밥 먹고 자는 시간도 사용할 수 있는데…."

하나님이 말씀하시는 것 같았다.

그때 얼마 전에 독립할 공간을 위해 기도해 달라고 한 자매 생각이 났다. 십일조 헌금을 하려면 집을 나가라고 성경을 태우는 등 아버지 핍박이 심하고 성년도 되었으니 독립할 공간을 위해 기도해 달라고 했었다. 나는 그 자매를 찾아가서 나머지 금액을 도와줄 테니 함께 생활하자고 했다. 자매는 너무 기뻐했다. 이렇게 공동체 생활이 시작되었다.

단, 내 마음에 하나님이 주신 규칙이 있었다.

매일 아침 따뜻한 밥과 국과 새로운 반찬 한 가지 이상을 해 먹는 것이었다.

이것도 하늘에서 하신 말씀이라 생각되어 꼭 이대로 식생활을 했고 한 번도 거르지 않았다. 안집 아주머니가 아침이면 밥과 국을 꾸어 달라고 한 일도 많았다.

아침마다 금방 한 밥, 국, 새 반찬을 한 시간 이내에 정성껏 만들어서 함께 식사했다.

식사 때마다 주님이 함께하시는 식탁으로 생각했다.

이렇게 하니 항상 정성껏 차리게 되고, 그 이후 혼밥을 해도 난 늘 즐거운 식사를 할 수 있었다.

구의동에 살 때 일이었다.

안집 주인댁에 아기 돌잔치가 있는 날이었다.

남편 술친구들이 와서 자정이 지나도록 술 파티를 벌이고 갔다.

설거지를 도와주러 들어가 보니 이런 난장판은 처음 보았다.

음식 남은 것들, 반찬 등이 어지럽게 있고, 술과 범벅이 된 담배꽁초 등 가관이었다.

아기 엄마는 음식을 차리느라 녹초가 되어 있기에, 아기와 쉬라고 하고 자매와 나는 새벽 3~4시까지 치우고 설거지를 하고 깨끗하게 해 주었다.

안집 아주머니의 울 것 같은 그 감격한 얼굴은 잊을 수가 없다.

얼마나 기뻐하시던지….

우리는 돌 반지 대신 설거지로 축하를 한 셈이다.

간장 종지 하나, 600원짜리 눈에 드는 예쁜 것을 사려고 속으로 "주님, 예쁘고 싼 것 고르게 해 주세요." 기도하면서 남대문 시장을 다 헤집고 다녀도 발 아픈 줄도 모르고 우리는 즐거웠다.

밤이면 "언니야! 저녁 예배드리자."라고 하면서 성경 이야기와 말씀의 신비에 취해서 새벽 두 시가 되어서야 잠을 잘 때도 자주 있었다.

우리는 가정 예배 시간에 **찬송가 62장**을 눈물로 많이 불렀다.

> **"고요히 머리 숙여 주님 생각합니다.**
> **머리 둘 곳도 없이 고생하신 예수님**
> **쉴 곳을 주시오니 주여 감사합니다.**
> **고요히 머리 숙여 하루 생각합니다.**
> **지은 죄 많사오나 용서하여 주시고**
> **주님의 은총 속에 편히 쉬게 하소서."**

월계동에 살 때는 퇴근 시 불탄 한 장, 연탄 한 장을 사서 아파트로 뛰어 갔다.

새벽에 나갔다 밤 12시 가까이 되어서 오니 연탄불은 이미 꺼진 지 오래

됐기 때문이었다. 그래도 주님과 함께하는 삶은 항상 천국이었다.

이 자매가 결혼을 하게 되었다. 우리에게 방 한 개를 세를 주셨던 안집 집사님이 미국 교포인 자기 친척을 중매해서 혼인하기에 이르렀다.

또한 이 안집 집사님은 방 한 개를 우리에게 약속했으나 한 아픈 자매를 내가 더 데리고 오니 본인들은 아기와 방 하나에서 살고 나머지 방 하나를 무상으로 우리에게 쓰라고 하셨다. 우리가 기도회 끝나고 귀가하면 따끈한 밥을 해 놓으시곤 하면서 가족같이 지냈다.

안집 집사님의 친척이 규수를 찾으러 한국에 오니, 나와 함께 생활을 시작한 그 자매를 소개하고 밀어붙이셔서 일이 성사되었다.

그 미국 교포 형제가 우리 자매와 만나고 헤어지려는데 가냘픈 몸매를 보고 내가 붙들어 줘야겠다는 생각이 들었단다. 실은 나는 새벽 기도회 때마다 이 자매들의 결혼을 위해 기도했다. 나는 전도사이니 독신이라도 관계없으나 나와 함께한 이 자매까지 혼자 있는 언니 때문에 결혼 못 한다는 소리는 듣지 않게 해야겠다고 생각해서 간곡히 주님께 기도해 오던 터였다. 못 한 공부를 하겠다고 하던 이 자매는 결국은 갑자기 그 미국 교포 형제와 결혼하게 되었다.

그 자매나 나도 가진 것이 없이 고달픈 중이어서 혼인 경비를 마련할 수 없었다. 어찌어찌해서 웨딩드레스는 낮은 울타리에서 저가로 빌려주는 것으로 하고, 꽃꽂이도 준비되고 예식은 우리 교회 목사님이 주례해 주셨다. 그날 예식을 하는 중에 내 가슴이 이상했다. 심장 반을 누가 도려내서 가져간 것같이 가슴이 텅 비고 시려 왔다. 이 희한한 감정을 감당하기 버거웠다. 자녀들을 결혼시키는 부모의 감정이 이런 것인가? 하여튼 고생스러운 느낌이었다.

결혼한 형제가 미국으로 갈 때까지 당분간 거주할 신혼집은 우리 11평 작은 아파트로 정했다. 연탄불이 하루마다 꺼지는 곳에 신방을 꾸렸다. 나는 사택이라고 주신, 교회 계단 밑을 막고 쥐가 드나드는 곳에서 살다가 감정이 너무 메말라져서, 싸게 나온 아파트로 이사하려고 준비해 놓았으나, 담임 목사님이 사택에서 이사하지 말라고 하시면서 허락을 안 해 주셨다. 그 자매와 살림 도구만 이사를 해 놓고 나는 부탄가스로 식사를 해결하고 있었는데 이 일이 벌어진 것이다. 내가 이사했다면 어찌 이곳에 독채로 신방을 꾸렸을까? 하나님의 섭리는 순종하고 볼 일이라는 뼈저린 이치를 깨달았다.

이렇게 자매는 미국에 가서 형제와 가정을 꾸리고, 일 년 동안 일한 급료를 모아 우리 집 아파트 기본 자금으로 보내 주었다. 이 자금을 헌금하고 바로 아기가 들어섰단다. 나는 아무것도 모른 채 매일 그 가정에 아기를 주시라고 기도했는데 하나님이 하시는 일은 참 묘하다. 아들을 낳으니 시댁에서 그 자매는 귀염을 받게 되었다. 이 아기는 지금 미국에서 어엿하게 중요한 일을 담당하는 시민으로 자라났다.

하나님이 내려 주신 명약

하루는 생명의 말씀사에서 중요한 일을 맡으신 분이 전화를 해 왔다.

한 자매가 자살을 하려다가 생명의 전화인 줄 알고 잘못 전화했는데 좀 만나 보라는 것이다.

그 자매는 불치병 판정을 받아서 국가에서 약을 타 먹는데, 시골 본가에 가면 어머니가 무당굿을 너무 해서 못 살겠고, 서울에 오면 살 곳도 없어서 죽으려 한다는 것이었다. 일단 공간이 필요하다고 했다.

같이 근무하는 동주 언니한테 일주일만 맡아 달라고 부탁했다. 결국 언니는 용돈까지 주면서 1년도 더 데리고 있었다. 몸이 불편한 어머니를 모시고 7평 아파트에 살고 있었는데도 장도 한 칸 내주고 그 자매가 교회에 갔다가 쓰러지면 가서 데려오며 큰 수고로 자매를 섬겼다. 나중에 언니는 미국으로 신학 유학을 가서 교민 2세 선교사와 결혼하여 태국에서 선교사로 섬겼다.

아는 약사님이 알려 주기를 그 아픈 자매는 국가에서 주는 약을 복용하면 5년 정도밖에 못 산다고 했다. 이왕 죽을 거 약 먹고 죽느니, 죽을 약을 끊자고 하여 약을 다 버리니 이 자매는 날마다 비몽사몽으로 지냈다.

후일 내가 섬기는 교회 사모님이 이 아픈 자매를 위해 잘 진맥하는 대전 한의원까지 왕래해 주시고 그 비싼 약값을 대 주셨다. 나와 어머니는 약을 달여 먹이느라 혼이 나갈 정도로 애를 썼다. 약을 달이는 것은 새벽 예배 후 어머니가 하시고, 그 약을 짜는 것은 내 담당이었다. 그러나 두세 시간 밖에 못 잔 나는 늘 일어나는 것이 불가능했다.

"이놈의 계집애! 약 달여 놓은 것도 짜지 못하면서, 감당도 못 하며 왜 애는 데려와서 끼고 있냐?" 하며 욕을 퍼부으면서도 있는 힘 없는 힘 다하여 약을 짜셨다.

지금 같으면 달여서 한약방에서 완성된 한약을 1회분씩 주건만 그때는 집에서 약탕기에 끓여 짜야 했다. 그렇게 사연 많은 약을 다 먹였다. 이 약은 하나님이 내려 주신 명약이 되어 아픈 자매는 불치병이 아닌 것으로 판명이 났고, 지금까지도 국가가 인정하는 의료인이 되어 공인받는 직장에 다니고 있다.

하나님 사랑+사모님 헌금+울 어머니 노력+내 사랑 한 스푼
=기적적 치유

공동생활의 작은 시공간을 가지고도 하나님은 일하신다.

미국에서 날아온 장학금

신학교에 다닐 때 가끔 단기 선교를 오신 분의 집에서 아기 돌보는 알바를 했다.

남편이 한국에 파병 군인으로 왔기에 부인은 단기 선교로 와서 선교 관사에 머무는 케이라는 자매의 집에서 일할 때였다. 선교사님 사모님들과 함께 시영 어린이집 정기 봉사에 참여했다가 한 살 넘은 한 아기를 보고 하도 안타까워서 며칠 함께 있으려고 데리고 왔으나 생각이 바뀌어 입양하려고 임시 육아를 하는 중이었다.

케이네가 저녁 모임 있을 때마다 나는 미국 이름 신디로 불리는 이 아기를 돌보곤 했다. 두 부부는 아기 옹알이도 녹음해서 미국 부모님께 보내며 지극정성이었다.

내가 알바를 하고 그래도 학비와 생활비가 충분하지 않다는 것을 안 부부는 미국으로 귀국할 때 한국에서 준비한 돈이 남았다고 내 생활비에 보태라고 주고 떠났다.

어느 날 미국에서 편지가 날아왔다.

내가 졸업할 때까지 학비를 전액 지원한다는 내용이었다.

나는 이런 내용을 하나님께 구한 적이 없었다. 다만 하나님만 바라보고 있었다.

사실 그 부부는 자기들 생활을 규모 있게 하려고 피임하면서 아기를 일부러 가지지 않았는데 덜컥 고아 아기를 장녀로 입양하게 되어 많이 어려울 텐데도 이런 결정을 해 주다니 놀라울 뿐이었다. 그 부인의 나이와 내 나이가 같은 24살인데 이들은 나에게 성경 말씀 한 구절도 들이댄 일이 없었건만(나는 그때 성구 몇 구절 외우는 것을 자랑스럽게 생각했었다) 하나님 말씀을 소리 소문 없이 실행하고 있었다. 서양의 2,000년 기독교 역사의 가치를 가늠해 보며 내가 성경 몇 구절로 사람들에게 믿음을 가르치고 싶어 한 것이 부끄러웠다.

이분들은 내가 졸업할 때까지 아주 신실하게 학비를 지원해 주었고, 살아 있는 믿음의 모델이 되어 주었다. 동생에게 시달리지 않게 하려고 신디가 유치원에 갈 때까지 자기 아기를 안 갖다가, 후에 신디의 동생을 낳았다는 소식을 접했다. 생활에 깊이 밴 은혜를 나는 이들에게서 보았다.

세계구호위원회 직원으로 미국에서 파송된 샌도즈라는 청년도 아주 신실했다.

어려서부터 미국에서 친구로 지낸 린다라는 예쁜 자매가 한국 외국인 학교 교사로 와서 근무하며 샌도즈를 좋아했는데, 결혼하자고 해도 영 마음이 안 내켰나 보다. 그 자매는 미국에 홀로 돌아갔다. 샌도즈 어머니는 속 상해하시면서 "린다가 결혼할 때까지 너도 결혼하지 마라."라고 엄명을 내리셨고 그 형제는 그대로 했다.

마침 린다가 다른 사람과 결혼하자, 이 형제는 미국 C.C.C. 합창단이 내한 공연을 했을 때 그중 한 자매와 결혼했다. 이 부부도 한국인 고아 한 명을 장녀로 입양했다. 입양된 아기를 우선으로 하고 자기들 아기는 안 가진 상태에서 열심히 귀하게 키우는 것을 보고 나는 또 한 수 믿음 생활을 배웠다.

의자 밑에 떨어진 50원으로 버스비가 채워졌다

    신학교 졸업 후 성경통신학교 전임 사역자로 밤이 아닌 낮에 즐거이 일했다.

    이 프로젝트 담당이신 선교사님이 미국으로 아주 귀국하시게 되었으나, 우리 교단에서 이 전도 사업을 인수할 재력이 안 되어 성경통신학교 일은 중단되었고 나도 그 일을 그만두게 되었다.

    갑자기 일을 구하기가 막막했다.

    마침 천안에 사시는 집사님이 공장 직원들에게 전도하고 싶다고 해서 주 하루씩 내려가서 집사님과 기도하고 교제하며 준비하는 것이 내 일의 전부였다.

    하루는 집사님과 교제하다가 조금 늦게 출발했다. 늦었으니 자고 가라고 간곡히 부탁하셨으나 어색한 것이 싫어서 뿌리치고 나왔다. 터미널에 오니 막차는 끊겼다. 간신히 수원까지 오고 어찌어찌해서 서울까지는 왔으나 통금 시간이 되어 오지도 가지도 못하는 신세가 되었다.

    우선 급한 대로 보니 건축 중인 집이 있어서 들어가 몸을 숨겼다.

    애고, 앞집 개는 왜 그리도 짖어 대는지.

    방범대원들이 오가고 가로등은 환한데 춥기는 왜 그리도 춥던지 몸을 잔뜩 웅크렸다.

'내 고집에 대한 훈련을 톡톡히 시키시는구나.' 생각하며 '주님, 잘못했습니다. 이젠 아무리 어색해도 자고 가라면 자겠습니다.'라고 다짐했다.

아! 새벽 기도회를 알리는 교회 종소리가 어찌나 반갑던지…. 바로 길로 나왔다.

그런데 집으로 가는 버스가 하필이면 좌석 버스가 왔다. 일반 버스는 20원인데 좌석 버스는 25원이었다. 돈은 20원밖에 없는데, 하도 추워서 일단 승차해서 문 앞에서 두 번째 좌석에 앉았다.

기사님께 사정을 해 볼까? 아이구, 죽을 노릇이다. 댓바람 새벽부터 동냥 양해를 구하자니 기가 막혔다.

걱정을 하며 구걸할 말을 연습하며 바닥을 물끄러미 보고 있는데 무엇이 반짝였다. 동전이다. 얼른 밑으로 굽혀서 주웠다.

딱 50원짜리 동전 한 개였다.
'아니, 어떻게 하나님은 꼭 동전 한 닢을 여기에 떨어뜨리셨을까? 만드셨을까?'

버스 기사님께 동냥을 하지 않고 돈이 많은 사람처럼 당당히 내렸다.

그때 구질구질한 것을 싫어하는 내 성격을 모질게도 깨끗이 청소하셨다.
집 식구들은 무슨 일이 있었는지 전혀 모른 채였다.
이렇게 대책도 없이 왔다 갔다만 하니 어머니는 천불이 터지셨다.

"신학교 졸업하고 겨우 이거냐? 김장거리 없으니 시장에 가서 사람들이 버리는 배추 떡잎이라도 주워 와야겠다. 내가 영세민 노동이라도 나가야겠다."라고 으름장을 놓으시며 나를 볶아 대신다.

나도 어찌해야 하나 성경만 보고 있는데, **로마서 9장**부터 주욱 내려가다가 11장 29절에 딱 눈이 멈췄다.

"하나님의 은사와 부르심에는 후회하심이 없느니라."

졸업 반지를 뺐다 꼈다 하며 책상 위에 놓았던 것을 얼른 손에 다시 꼈다. 하나님의 주관이심을 깨달으며 저녁 땟거리가 없어도 새들은 찬양하는데 나는 아직도 찬양이 안 나오다니…. 에구, 나도 좀 차원 있는 믿음이고 싶었다.

이튿날 새벽에 어머니가 벌벌 떨면서 나를 부르신다.

영세민 노동을 나가서 돈을 벌어 오려고 새벽밥을 짓는데 그때 우리 집에 와 있던 3살짜리 손주가 "할머니, 하늘에서 혁아 오라 그래."라고 해서 머리를 짚어 보니 열이 펄펄 끓었다. 계속 이 고집으로 나오면 큰손자를 하나님이 데려가신다는 사인으로 알아들으시고 나한테 오셔서 잘못했다고 회개하시는 것이었다.

막 울면서 손자를 안고 회개 기도를 하시고 나니 손자의 열은 씻은 듯이 나았다.

그날 낮에 내가 신앙 양육을 도와주던 간호사인 자매가 물어물어 우리 집에 찾아왔다. 주님 말씀에 복종하느라고 왔단다.

하나님이 "돈 좀 꾸어 주라."라고 하셨다는 것이다. 성경을 보는데 "가난한 자에게 주는 것은 여호와께 꾸이는 것이니" 이 말씀을 보며 내 생각이 났다는 것이다. 그러면서 만 원을 봉투에 가지고 와서 내민다. 나는 안 받겠다고 하다가 하나님 말씀을 보고 순종해 보려는데 왜 안 받느냐는 말에 할 말을 잃고 받았다.

그 돈을 하나님이 김장값으로 주셨다고 어머니께 당당히 드렸다.

**"가난한 자를 불쌍히 여기는 것은 여호와께 꾸어 드리는 것이니
그의 선행을 그에게 갚아 주시리라." (잠 19:17)**

신학교를 졸업한 직후 앞날에 대해서 주님께 물으며 이 친구 저 친구 집에서 하룻밤씩 자는데, 이를 아신 멘토께서 댁에 와서 하룻밤 묵으라고 하셨다. 가서 저녁 잘 얻어먹고 아침에 혼자 구석에서 큐티를 했다. **잠언 21장** 차례가 되어서 읽기 시작했다.

**"왕의 마음이 여호와의 손에 있음이 마치 봇물과 같아서 그가 임의
로 인도하시느니라." (잠 21:1)**
이 말씀을 읽으면서 '보의 물'에 눈이 고정되었다.

하나님이 "너는 봇물과 같다. 내가 인도한다."라고 말씀하셨다. 보의 물은 논농사에 쓰려고 모아 두는 물인데 물이 필요한 곳으로 둑을 터서 물을 흘려보내고 그곳에 물이 차면 둑을 막고, 또 필요한 논 쪽으로 둑을 터서 물을 흘려보낸다. 그때 갑자기 일단 어머니께로 가야 한다는 생각이 들며 평안이 밀려왔다. 짐을 싸서 차를 불러서 어머니께 갔더니 어머니는 기절할 지경으로 반기신다.

그 전날 하나님께 내 앞날에 대해서 기도하시며 선숙이를 보내 주시면 좋겠지만 주님의 뜻대로 해 달라고 주님께 전권을 맡겼다고 하셨다.
나는 이때부터 하나님이 필요한 곳으로 나를 끝 날까지 인도하시리라는 믿음이 왔다.
이번에도 주님은 갈 곳이 없는 것이 아니고 정확한 곳에 나를 인도하는 중이셨고 평강으로 밀어 넣어 주셨다.

무명의 천사들

전도를 한다고 지방에 한 번씩 가는 일이 다였지만 기약도 없으나 주님이 주장하시는 것은 알 것 같았다. 차비가 떨어지면 사당동에서 제기동 회관까지 걸어서라도 죠이선교회 목요 기도회에 갈 각오로 지냈다.

목요일만 되면 우리 집은 부흥회를 한다. 기도회에서 간증, 기도, 설교 말씀이 얼마나 은혜가 되는지 집에 오면 늦은 밤인데도 나는 은혜를 받은 것을 어머니와 나누느라 뜨거웠다.

신학교 때는 아침에 신약 5장, 저녁에 구약 10장 정도를 늘 읽었다. 아무리 성경을 읽어도 모자란다. 읽으면 읽을수록 모르고 새로운 말씀이 너무 많다. 휴일에는 연탄을 쌓아 놓은 광에 들어가서 신문지를 깔고 하루 종일 성경과 기도로 교제한다. 성경 한 권을 한 번에 읽으려고 씨름을 한다. 소주제를 노트에 문단마다 적고 세부 사항을 노트하고, 장 명을 정해서 기록하며 읽으면 열왕기 상하가 손에 잡히고, 역대 상하가 무엇을 말하는지 열왕기와 역대기의 차이가 무엇인지 한눈에 보이며 그 두꺼운 책이 한 줄 문장으로 들어온다. 그 기쁨은 천하를 얻은 것같이 내 영혼을 밝힌다. 마치 성경 한 권의 사람이 되겠다고 외친 요한 웨슬레와 친구가 된 것 같은 느낌이었다.

그 당시 한국에 다녀가시는 훌륭한 하나님의 사람들이 거의 다 우리 선교회에 와서 특강을 해 주시곤 했다.

성경을 읽는 법, 신앙생활 일지를 기록하는 법, 죄에서 승리하는 법, 신앙 생활의 가치 등을 눈이 반짝거리는 대학생들과 청년들에게 아낌없이 가르쳐 주었다. 이 말씀들은 보석으로 내 가슴에 차곡차곡 쌓였다. 부흥의 불길이 일렁거렸다.

어느 기도회 날이었다. 끝나고 오려는데 회계를 담당한 형제가 보자고 하더니 하얀 봉투 몇 개를 내민다.

그 당시 우리는 헌금하고 싶은 사람은 헌금함에 자유로 돈을 넣곤 했는데, 내게 전달해 주라고 이름이 쓰여 있는 지정 헌금이니 받으란다. 전달하는 형제가 오히려 겸손하고 몸 둘 바 모르는 얼굴이라 무슨 소리도 못 하고 받았다.

모두 발신자는 없고 내 이름만 적혀 있었다.

액수를 보고 나는 입을 딱 벌리고 "오! 주님!" 하며 감격의 눈물이 핑 돌았다.

내가 성경통신학교에서 일할 때 선교사님께 받은 월급보다 더 많았다.

하나님이 살아 계심을 경험하며 구름 위를 걷는 것 같았다.

광야의 이스라엘 백성을 만나와 메추라기로 배불리 먹이시듯 하나님은 나에게 만 9개월 동안 강도 높은 특공대 훈련을 하셨다.

땟거리가 없고 차비가 없고 생활비가 없어도, 집안 식구들의 암암리에 들어오는 압박 등을 찬송하며 광야를 걸어야만 '목회지'라는 엄청난 전쟁터에 투입될 수 있음을 훗날 알았다.

없고 없고 없는 것을 견디고 찬송하며 가는 훈련!

이 쓰라린 혹독한 훈련을 주신 하나님께 두고두고 감사했다.

졸업을 앞두고 4학년 말에 나는 목회자로 부르심이 맞나 확신을 갖고 싶어서 기도원에 들어가 묻고 또 묻고 부르짖었다. 확실한 답을 못 들으면 난 신학교 졸업장을 안 받을 예정이었다.

한탄강을 바라보며 기도 바위에서 기도하는데 갑자기 찬송이 터져 나왔다.

> **"나의 갈 길 다 가도록 예수 인도하시니**
> **내 주 안에 있는 긍휼 어찌 의심하리요,**
> **믿음으로 사는 사는 하늘 위로받겠네.**
> **무슨 일을 만나든지 만사형통하리라.**
> **나의 앞에 반석에서 샘물 나게 하시네.**
> **영영 부를 나의 찬송 예수 인도하셨네." (찬송 384장)**

이 찬송을 부르면서 내 속에 강한 인상을 주셨다.

어머니 태중에 잉태한 때부터 하나님은 나를 하나님의 전도자로 DNA를 심어 부르셨다. 하나님의 종은 이 세상 많은 직종 중 최상위급 일이며, 그 일을 내게 맡기셨다는 것을 알게 하셨다. 하나님의 일을 전문적으로 하는 것은 내가 취사선택하는 것이 아니라 하나님이 나를 부르시고 그 은사를 이미 심어 주신 자가 되는 것이라는 깨달음이 왔다.

내 지나간 생애와 하나님의 만지시는 손길이 필름 영상처럼 스쳐 지나가며 확신이 들었다. 그 이후 나는 최상의 일을 하는 자부심으로 주님의 일에 감사함으로 참여했다.

졸업 때는 정말 기쁨으로 "나의 갈 길 다 가도록 예수님이 인도하신다." 를 외쳤다.

3장

죠이선교회로 인도하시다

피크닉에서 깨달은 좌우명

죠이선교회에서는 연중행사 중 하나로 모든 회원이 피크닉을 갔다.

나는 이런 일에 별로 관심이 없어서 고등학교 때 수학여행도 안 갔지만 왠지 한번 가 봐야 할 것 같아서 느지막이 어슬렁어슬렁 약속 장소에 도착했다.

회원들은 벌써 많이 모여서 즐거운 분위기를 만들고 있어 낯설기도 하고 깜짝 놀랐다.

그때 회장을 맡고 있던 형제가 설교를 하고 있었다.

본문은 **마가복음 10장 45절**이었다.

"인자의 온 것은 섬김을 받으려 함이 아니라 도리어 섬기려 하고 자기 목숨을 많은 사람의 대속물로 주려 함이니라."

이 말씀을 가감 없이 담백하게 풀어 나가며 자기 삶이 이렇게 섬기기 위하여 존재함을 받아들이며 너무 감격하고 감사하며 앞으로도 그렇게 살 것이라고 했다. 그 형제는 유명 회사 요직에 근무하고 있었다.

그날 처음으로 나는 예수님을 믿었으나 왜 구원을 받았고 구체적으로 무엇을 목표로 살 것인지가 분명하지 않았음을 깨닫게 되었다. '내 삶의 좌우명은 뭐지?' 하며 안개 낀 들판이었다.

예수님 믿는 것=하나님의 일을 하는 것=사람들을 섬기는 것

이 퍼즐이 오늘에야 맞춰지는 것 같았다.

그 이후로 내 삶은 분명해졌다.

'나는 섬기기 위해 이 세상에 보내졌구나.' 섬김이 내 사명이라는 것은 나의 존재 이유였고 희열로 내 맘에 와닿았다. 그러면 그렇지, 인간이 그냥 사는 것은 말도 안 되지. 이 말씀은 되새길 때마다 내 마음을 환하게 해 주고 먼지 같은 피곤들을 씻어 내 주곤 했다. 이날 이후 이 말씀을 외우고 또 외우며 마음에 입에 몸에 새겼다. 섬김의 일이 내 속 깊은 곳에서부터 생존의 힘과 기쁨을 더해 주기 시작했다.

어느 주일 죠이선교회 모임 후 기도회가 있었다.

누구나 기도할 수 있는 모임이었다. 그동안 나는 거듭나고 교회에서 나름 열심히 신앙생활을 했으나, 차근차근 신앙 훈련을 받지 못해 신앙의 키는 앉은뱅이 같이 느껴졌다. 이날 나는 꺼이꺼이 울며 성장하지 못했던 내 모습을 회개했고, 또 성장의 기회를 주신 하나님께 눈물로 감사를 드렸다. 그 이후 몰라보게 나는 안정되었고 신앙이 쑥쑥 성장하는 것을 나도 느낄 수 있었다.

팀 조장을 하던 어느 날 조별 모임이 끝난 후 한 자매가 나에게 씩씩거리며 와서 "언니, 어쩜 나를 그렇게 힘들게 하세요?" 하며 화를 버럭 내는 것이었다.

자초지종을 들어 보니 내 의도는 그것이 아니었고 그 자매의 일을 모르는데 내가 지적을 하고 곤란하게 했다는 것이다. 참으로 난감했다. 일단 진심으로 사과를 했다.

나에게 기분 나빴던 것을 이야기해 준 것에 대해 감사를 표했다. 그러나 나는 사람을 꿰뚫어 보지 못하며 사람들의 잘못된 것을 본인 허락 없이 광고하지 않는다는 원칙을 갖고 있었다. 내 말이 혹시 표현이 잘못되어 그렇게 들렸다면 미안하고 앞으로도 지적해 주는 대로 고쳐 보겠으며 내가 아주 소질이 없는 부분은 흉내라도 내 보며 애를 쓸 테니 나를 용서하고 위해서 기도해 달라고 부탁했다. 그랬더니 그 자매는 화가 풀리고 그 뒤로는 나를 돕는 편에 서 주었다.

그때 깊이 깨달았다. 내가 100개 잘했어도 상대방이 불편해하면 나는 납작 엎드려서 양해를 구하는 것이 명약이라는 것을.

이 비결은 나의 사역 생활에서 두루두루 쓰였다. 내가 옳다는 것을 입을 여는 순간부터 그 사람과 나 사이는 틀어진다. 억울하더라고 일단 엎드리면 그 사람과 나는 아주 좋은 절친이 된다. 지금도 나는 내가 모르는 습관이 다른 사람에게 불편을 가져올 수 있다는 것을 명심하고 조심조심 걷는다. 목을 빳빳하게 하지 않고 말이다. 그래도 나는 여전히 온전하지 못한 부분이 있다는 것을 인지한다.

주님 손에 무거운 짐을 완전히 맡겼다

그즈음 우리 어머니는 나를 시집보내야 한다고 야단법석이셨다.

깨끼저고리를 새로 해 입으시고 좋은 신랑감이 있다고 누가 얘기하면 보러 가느라 열심이셨다. 한번은 어느 전도사님을 보러 갔는데 그 전도사님이 싫다고 뒤로 나자빠지는 환상을 보셨다. 그때 하나님이 주관하신다는 것을 조금 깨달으셨다.

그래도 어머니 멘토이신 분께 부탁했더니 학원 운영을 하는 신앙 청년이 있는데 선숙이를 한번 데리고 오라고 하셨단다. 어머니를 따라 나에게는 오성 장군같이 높이 생각되는 선생님을 뵈러 갔다. 내 신앙 여정을 들으시더니 본인이 결혼하게 된 이야기를 주욱 담담하게 해 주셨다.

일제 탄압으로 처녀들은 모두 위안부로 붙들려 갈 때 선생님은 유재현 목사님이 인도하시는 부흥회에서 크게 은혜를 받았다.

그러나 위안부로 끌려가지 않으려면 결혼밖에 없다고 생각하고 예수님도 안 믿는 남자와 결혼을 하여 시골로 숨어들어 아들 하나를 낳았다. 그러나 도저히 예수님을 전하지 못하고는 못 살겠기에 사정을 이야기하고 수도원으로 오게 되었다고 하셨다. 아마 그 남편은 이미 자식들이 있고 혼자가 된 분이셨던 것 같다.

나 같은 미미한 존재에게 솔직히 자신의 인생을 털어놓으셨다.

그 저녁에 따끈한 밥을 금방 해서 대접해 주시고 학원 남자 얘기는 꺼내지도 않으시고 기도와 사랑으로 응원해 주셨다. 그분의 간증이 답이었다.

그 진솔하시고 겸손한 모습이 엄청 인상적이었다.

이후 어머니는 결혼하라고 들볶고 설치고 다니면 안 된다는 것을 깨달으시고 묵묵히 기도로 밀어주셨다.

어머니는 나에게 상당한 믿음의 거성이건만 아주 담백하셨다.

그날 주님께 간구했다.

"주님! 제게 주님이 원하시는 한 길만 주세요. 두 길을 보면 선택하기가 힘들어요. 열어 주시는 대로 순종하겠습니다."

그 이후 갈림길이 나와서 골치 아플 일은 한 번도 안 일어났다. 심심할 정도로.

코리 텐 붐의 《주는 나의 피난처》를 읽으며 코리처럼 나도 '결혼'이라는 어려운 짐 가방은 아버지 하나님께 들어 달라고 요청해야겠다고 생각했다. 코리가 오빠 친구 신학생에게 청혼을 받았다가 양해 한마디도 못 듣고 일방적으로 깨져서 맘 아파할 때, 아버지는 시계가 잔뜩 들어 있는 가방을 코리에게 들게 했다. 너무 무거워하니까 "코리야, 네가 들기 무거운 짐은 아버지에게 맡기렴." 하고 아버지가 가방을 들어 주었다.

그때 코리는 아버지의 무언의 메시지를 깨닫고 그 무거운 결혼에 대한 짐 가방을 주님께 맡겼다. 그 이후 많은 유대인의 목숨을 히틀러에게서 구하고 동에 번쩍 서에 번쩍을 하면서 혁혁한 일을 해냈다.

나도 이때 주님의 손에 내 결혼과 삶이라는 가방을 완전히 맡겼다.

독신 사역자는 알밤과 같다.

가을이 깊어질 때 서리 오는 즈음에 밤송이들은 밤새 입을 딱딱 벌리고 익은 밤들을 땅에 쏟아 낸다. 나와 친구들은 잠이 덜 깬 상태로 눈을 비비며 밤나무 밑으로 간다. 밤들이 우수수 떨어져 있다. 어떤 밤은 세 쪽짜리 밤, 두 쪽짜리 밤, 그중 통밤이 있는데 우리는 이 밤알을 '회오리밤'이라고 불렀다. 이를테면 큰 원룸이다. 밤 속에서 칸을 안 나누고 오직 한 개의 밤알이 형성된 거다. 알이 둥글고 통통하고 윤이 나며 매끈매끈하다. 이 밤을 만나면 그날은 최고의 날이다. 쪽 밤 여러 개보다 아주 수확이 많은 것이다. 그리고 맛도 더 있는 듯했다.

나는 독신 사역자 생활이 이와 같다고 느꼈다. 커플보다 일을 조금 하는 것도 아니고 오히려 통으로 하니 거대한 가정이 움직이는 것보다 빠르고 효과적일 때도 있다. 아무 때나 누구나 찾아와도 되고 찾아가도 된다. 찾아갈 수도 있다. 조그만 구멍에는 작은 손만 들어가지만 큰 손은 못 들어간다. 하나님은 다 때에 알맞게 효과적으로 모든 사역자를 쓰신다. 그러니 가정을 이루었다고 독신 앞에 자만할 것도 아니며, 독신이라고 위축될 것도 없다는 생각이 들었다. 이 알밤 생각을 하며 나는 사역을 할 때 어깨를 펴고 기세 있게 일하곤 했다.

교역자들이 다 함께 승용차로 이동하는데 운전하시는 목사님이 사이드 기어 사이로 자꾸 손을 집어넣으신다. 근데 손이 두껍고 커서 안 들어가는데도 애를 쓰신다. "왜 그러세요?" 물으니 이 사이로 물건을 떨어뜨렸는데 손이 안 들어간다는 것이었다. "제가 해 볼게요." 하고 작은 내 손을 넣으니 쏘옥 들어가서 찾으시던 물건을 집어 드렸다. "이 조그만 손도 쓸모가 있네요." 하며 모두 한바탕 웃었다.

아직 가정을 이루지 않은 사역자를 보면 "난 '회오리밤'도 좋더라."라고 한다. 그러나 으스댈 건 없다.

> "소가 없으면 구유는 깨끗하거니와 소의 힘으로 얻는 것이 많으니
> 라(잠 14:4)."라는 말씀 앞에 겸손해야 한다. 다 주님의 아름다운
> 계획을 이루는 보석들이니까. 주님은 모든 때를 아름답게 하셨다.
> (전 3:11)

이 아름다움을 받아 내는 것은 오직 나의 몫이다.

너 참 많이 변했다

어머니께서 어느 날 내게 말씀하신다.

"선숙아, 너 참 달라졌다."

경이로운 눈으로 나를 보면서 어머니께서 가끔 말씀하셨다.

"선숙아, 넌 참 여러 번 된다.

하나님이 아니시면 누가 너를 이렇게 변화시키겠니."

나는 거듭나기 전에도 어머니께 성질을 많이 부렸다. 체계 있는 믿음의 양육을 받기 전에는 좌충우돌이 많았고 어머니께도 말대답을 하며 못되게 할 때가 많았다. 그러기에 어머니께서 이리 말씀하셔도 내겐 별로 실감이 안 났다.

어느 날 방문을 휙 나가다가 거울에 비친 얼굴을 보게 되었다. 다시 방에 들어와서 누군가 확인했다.

'어? 이 낯선 여자는 누구지?'

자세히 보니 나였다.

나는 정말 내가 몰라볼 정도로 평안과 미소와 희망을 담은 맑은 얼굴이었다.

다시 한번 나를 보며 '아! 나 변했구나!'라고 깨달았다.

나를 계속 변화시켜 주시는 주님 감사합니다.

내가 봐도 나는 내면도 외모도 아름다워지며 변했다.

수없이 거울을 보며 살았지만, 이렇게 나를 도우시는 주님을 내 얼굴에서 보는 것은 처음이었다. 그 이후로도 나는 자주 나를 빚어 가시는 주님을 거울에서 본다.

전에는 늘 커튼이 쳐진 채 하나님께 말씀드리는 것 같기도 하고 유리창 저 너머에 계신 분께 이야기하는 것 같을 때도 많이 있었다.

그러나 솔바람을 대할 때 속에서 올라오는 뜨거운 감사, 밥 한 상 대할 때의 향이 퍼지는 듯한 행복! 내가 어떻게 이런 사람이 되었나. 무덤덤하게 당연한 듯 대하던 모든 것이 우연이 아니고 하나님 아버지의 작품이며 이를 누리며 느낌이 있다는 것 자체가 경이롭다. 파란 하늘 위의 구름 한 자락에도 탄성을 지르는 해맑은 나로 바꾸어 주신 하나님은 자꾸자꾸 나를 깃털같이 발걸음을 가볍게 하시며 하나님의 손이 더 보이게 변화시켜 가신다. 참 좋으신 아버지시다.

멘토를 만나다

거듭나고 교회에서 충성을 다하면 신앙은 저절로 크는 줄 알았다. 난 목사님을 완전 하나님으로 생각했다. 담임 목사님은 부흥사로 다니시기도 하며 명성이 났다. 그러나 내가 여름 성경 학교를 처음으로 맡고 운영할 때 교사들이 점심 먹는 시간에 늦었더니 "이것들이 늦게 오네." 하시며 말을 함부로 하시는데 나는 너무 무너졌다. 시간과 몸과 물질을 드려 봉사하는 어린이부 교사들이 '것들'이란 대우를 받다니 기가 막혔다. 나는 아직 정제되지 않은 풋신앙이라서 목사님께 막 대들었다. 교사들의 헌신이 그 정도 대우밖에 못 받는 거냐고. 교사들은 내 살붙이 같고 귀하디귀한 존재였기 때문이었다. 목사님도 참담함을 느끼셨고, 나는 목 놓아 울었다. 그날 점심도 못 먹고 하루 종일 울었다. 어디서 그리 눈물이 나는지 온몸이 눈물이 되어 흘렀다. 내게는 하나님이 죽은 것같이 목사님의 언행이 슬펐다. 내 일생 흘릴 눈물 그날 다 쏟은 것 같다. 그 이후 나는 부평초같이 헤매는 신앙이 되었다. 목사님을 못 믿으면 누구를 믿고 신앙 지도를 받느냐는 생각이었다. 이 숙제는 성경통신학교에서 일하며 풀렸다.

동양선교회(OMS) 한국 총무로 각광을 받던 분이 갑자기 건강 문제로 쓰러져 주님 나라에 갔다. 이 일로 선교회는 한국 직원들의 건강에 신경을 쓰기 시작하고 정기적으로 건강 검진을 하게 하는 등 각성을 했으나, 총무 자리는 한동안 비어 있었다. 그때 내가 성경통신학교 담당으로 들어간 것이다.

선교사님들은 죠이선교회에서 예수님을 믿고 육성을 받고 뉴질랜드에서 교수 연수를 한 홍 목사님을 찾아냈고, 이분이 동양선교회에 한국 총무로 부임했다. 전도의 열정으로 온몸과 삶이 뜨거운 분이셨다. 한국 동양선교회는 전도의 불이 댕겨졌다. 학원 선교로, 군 선교로 담당 선교사님과 총무님은 한국 전역을 누비며 성령의 불을 붙여 운전하시는 장로님뿐 아니라 모든 종사자는 물론 수많은 사람이 거듭나고 헌신하고 기쁨의 도가니가 되었다.

우리 선교회 사무실은 미국식으로 오전 11시와 오후 3시에 늘 티타임을 가졌다. 이 시간이 되면 어김없이 다들 로비로 나와 차를 마시며 즐거운 대화를 나눴다. 별거 아닌 대화에도 나는 구구절절 은혜를 받곤 했다. 이 총무님은 집에 가서도 부인과 함께 기도 목록을 놓고 기도하시는 분이셨다. 나는 이분의 신앙 도움을 많이 입으며 은혜에 취하기 시작했다.

학교에서 강의에 참석하고 있던 어느 날, 왠지 머리가 복잡하여 더 이상 강의실에 앉아 있지 못하고 기숙사로 왔다. 갑자기 어린 시절 아주 큰 상처를 가까운 사람에게 받은 일이 떠오르는데 견딜 수 없고 폭발할 것같이 괴로웠다. 나는 이 사실을 아주아주 멀리멀리 잊어버려서 내 생애에서 없어진 줄 알았다.

그러나 내 무의식의 태평양 한가운데 무거운 연자 맷돌에 달아 깊이깊이 넣었을 뿐인 것을 몰랐다. 이제 막 은혜를 받고 살아 보려는데 이 무슨 일인가? 깊이 넣어 둔 기억이 수면 위로 떠올라 나를 슬프게 하는 것이었다. 더 견디지 못하고 참담한 슬픔을 안고 새로 오신 선교회 총무 목사님을 찾아갔다. 다짜고짜 "목사님 시간 있으세요?" 물으니 뭔가 하시던 일을 딱 멈추시고 시간이 된다고 하셨다.

나도 모르게 그 상처를 줄줄줄 털어놓았다. 내가 얼마나 이 일을 슬퍼하고 있었는지 그날 흐르는 눈물을 보고 알았다. 흑흑거리며 폭포같이 눈물을 쏟고 다 털어놓고 나니 두 시간도 더 된 것 같았다. 다 들으신 목사님은 아무 말도 안 하시고 다만 "기도합시다." 하시곤 나를 위해 간절히 기도해 주셨다. 그 어떤 말씀도 없었다. 근데 나는 그 시간 이후로 날아갈 것같이 속이 후련했다. 이 사건이 나의 자존감이 되어 나 자신을 그렇게도 무가치하고 상처받고 하찮은 취급을 스스로 하는 줄 나는 정녕 모르고 암 덩어리처럼 껴안고 있었던 것이었다. 하나님께 말씀드리듯 깊은 것을 나눌 수 있는 형제자매는 하나님의 위대한 교제 원리임을 나는 그제야 알게 되었다. 그 총무님은 자연스레 나의 멘토가 되셨고, 그 멘토를 만나 교제하며 하나님이 주신 자유를 만끽하게 된 것이다.

'멘토'는 알렉산더 대왕을 탄생시켜 세상에 그 이름이 회자되게 했다지만, 하나님은 묘한 수학을 사용하셔서 그때 그 시간에 그분을 만나서 인생의 쓰레기를 저 깊숙이 찌든 때까지 벗겨 내고 깔끔하고 윤나는 마음으로 만드시기도 하고, 서로 붙잡아 주고 밀고 당겨 주며 인생의 여러 길을 감당하며 걷게 하신다.

내가 멘토로 부르는 이분은 사실 올려다보기에 너무 훌륭하고 존경받는 분이시다. 기회가 있을 때마다 강원도 산골짜기 작은 여자아이를 늘 기억하시고 불러서 식사도 대접해 주시고 작은 일에도 칭찬과 격려를 아끼지 않으신다. 나도 존경하고 또 존경하는 하나님의 사람을 만난 것이다. 그분이 인간이기는 하다. 그러나 한 사람, 한 사람을 존귀하게 여기시고 받들어 주시는 분이라는 것이다.

감탄하며 감사한다. 아무리 생각해도 나는 행복한 사람이다.

주님 향기 날리던 플랫폼 후배

후배 중 한 사람은 신학교 시절부터 늘 내 곁을 맴돌며 가까이해 주고 있었다. 이 친구는 집이 어려워져서 그랬겠지만 1학년 때부터 늘 한 벌 원피스만 입고 다니며 내 주위에 자리했다. 자연히 삶의 이것저것을 나누게 되었다. 내가 모진 경제 훈련을 받을 때 그 후배 어머니가 고구마 줄거리를 삶아 말려서 보내 주신 것이 우리 집의 유일한 반찬이었을 정도로 친근하게 지냈다. 죠이선교회에 같이 다니면서 은혜의 계절을 함께했다.

이 친구는 친화력이 좋아서 어디를 가도 절친을 만드는 선수였다. 방통대에서 만난 '신기옥 님'은 아직 예수님을 모르는 분이지만 진짜 친구로 지내며 친교를 나누는 모습이 귀했다. 플랫폼 후배는 느지막이 혼자가 되신 목사님과 결혼을 하고는 아예 모든 아름다운 모임을 도맡아 이뤄 냈다. 먼저 있는 자녀들의 믿음 생활을 위해 40일 금식 기도를 두 번씩이나 하며 주님을 사랑했다.

이 후배는 좋은 식당을 알면 반드시 스승 목사님 내외분을 모시고 나와 친구와 함께 식사를 대접했다. 무슨 일이 있으면 달려와서 물심양면으로 참여해 주곤 했다. 정신이 온전치 못한 작은언니의 실수로 큰언니가 돌아가셨는데 그 일에서 예수님 향기를 놀랍게 발휘하는 것을 보며 나는 혀를 내두르며 살아 있는 선행을 배웠다. 큰언니 장례를 다 주관하고, 슬픈 조카들을 품에 안으며, 정신이 온전치 못한 작은언니 병원 수발을 들고, 퇴원하고는 집에 모시고 케어하기도 했다. 훗날 요양원에 모시고도 끝까지 돌보는 그 아름다움은 주님의 향기였다.

방을 얻으러 다닐 때 "언니, 나 이사 가야 하는데 같이 가 줄 수 있어요?" 하면 며칠이고 같이 "주님, 예비한 곳 찾게 해 주세요." 하며 발품을 팔면 어김없이 꼭 알맞은 집을 만나곤 했다.

내가 교회 일로 정신없이 뛰어다니며 옷을 항상 후줄근하게 입고 다니면, 어느 날 갑자기 불러서 유명 메이커 가게에서 옷을 골라 주었다. 우리 어머니 옷까지 그 친구는 책임져 주었다. 좋은 옷을 보면 반드시 친구 사모와 나를 극진히 입혔다. 맛있는 뷔페를 발견하면 거기에 데리고 가고야 만다. 용돈이 생기면 또 나누어 준다. 샘솟는 돈도 아니니 그 친구는 늘 카드값으로 힘들었을 거다. 이 후배는 운전을 잘해서 어디든 데려다주곤 했다. 동계 올림픽도 구경시켜 주고, 부활절 이벤트로 외국 팀이 와서 공연할 때 비싼 티켓도 구해 주었다. 공연을 관람하면서 실제로 주님의 부활 현장을 보듯이 은혜를 함께했다. 그러다 얼마 전, 갑자기 하나님의 부르심을 홀연히 받았다. 언제까지나 '케어의 여왕'으로 섬길 줄 알았는데 나는 이 후배에게 사랑의 빚만 졌고, 사랑만 퍼붓다가 그녀는 주님 품에 안겼다.

죠이선교회 전임 사역

죠이선교회는 나날이 성령의 부흥을 체험하며 구원을 받는 젊은이들로 북적였다. 여기저기 세를 얻어 모임 장소를 옮겨 다니면서도 캠퍼스 친구들에게 또는 직장 동료들에게 전도하는 열정은 쉬지 않았고 특히 목요일 저녁에 모이는 기도회에서는 그룹 모임, 간증, 기도, 말씀으로 마치 1907년대의 부흥의 불길이 연이어 타오르는 것 같았다. 매일 새롭게 거듭난 젊은이들의 진솔한 간증, 말씀에 의한 구체적인 회개와 지도자들의 군더더기 없는 설교는 우리의 심령의 뼈를 때리고 회개의 눈물을 흘리게 했고, 진솔한 교제는 형제자매들의 눈물을 닦아 주었다. 신앙의 살이 통통하게 붙도록 성경 말씀을 직접 먹을 수 있게 해 주는 성경 강해가 특히도 훌륭했다.

새로 믿은 형제자매들에게 교회를 소개해 주느라 서울 전역의 교회 명단을 구해서 주소지 인근의 교회로 소개하고, 이들에게 일일이 18단계로 된 육성 서신을 주마다 발송하며, 주 모임마다 리포트지를 만드는 등 아무리 회원들이 자원봉사를 해도 손길은 한없이 모자랐다.

죠이선교회는 전임 사역자로 선교회의 일을 좀 더 체계적으로 하기로 결정했다. 여기에 선임된 몇 사람 중 나를 선정해 주셨다. 나로서는 감사하고 황송하기까지 한 일이기에 얼른 "네." 하고 대답을 했다. 그러나 그날 저녁 성경을 보는데 주님이 분명히 가르쳐 주셨다. 아무리 당연한 제안도 꼭 주님께 여쭙고 인도하심을 받아야 한다고. 하루라도 기도해 보고 대답해야 하는 것이 믿는 자의 도리라고 따끔하게 가르쳐 주셨다.

그즈음 생명의 말씀사를 섬기셨던 닐 필리핀 선교사님이 안식년에 '제자 훈련'에 대하여 강한 영적 충격을 받고 오셔서 여름 수양회 내내 주 강사로 오셔서 제자 훈련을 소개해 주셨다. 우리 모임에도 신선한 강한 바람이 불었다.

지도자들은 '새 생명의 시작'으로부터 몇 단계의 한국 젊은이들에게 맞는 과정을 만들고 모임에서 실습 적용을 하며 교재를 제작하여 모두가 체계 있는 신앙 교육을 받을 수 있는 길을 열었다.

나에게는 로마서 과정, 암송 훈련이 힘들었지만 내 안에 무엇을 어떻게 해야 하는지에 대하여 무장시켜 주었다. 1과 새 생명의 시작을 새로 온 멤버와 공부할 때 그들이 예수님을 알고 영접하는 과정은 흥분되고 뜻깊은 전도의 장이었다.

아무리 공부하고 무장해도 이 1과를 그룹원들과 공부해 나갈 때는 매번 손에 땀을 쥐게 하는 기도와 긴장감이 돌았다. 늘 주님을 모르거나 확신이 없는 분들이 들어오기 때문이었다. 어떻게 해서든지 성령께서 이들의 마음을 만지시기를 바라는 마음이었다.

그냥 과정으로 지나가면 아무 소용이 없기 때문이다.

로마서 공부는 읽고 또 읽어도 손에 쥐어지지 않았다. 로마서 강의마다 쫓아다니며 공부하고 또 공부하고 읽고 또 읽었다. 로마서 내용을 훤히 꿰고는 있어도 역시 아직도 어렵다.

주간 중 낮에는 태국에서 거듭나고 주님 일꾼이 되고 싶은 난타챠이 교수도 참석하여 교회사, 성경 심층 공부 등 나에게는 성령대학원 과정과 같이 꿀송이 같은 과정들이 진행되었다. 내 신앙이 깊어지고 다듬어지는 시간들이었다.

그 당시 우리 선교회 근무는 탄력적이었다.
주일은 각 교회를 섬기고,
월요일은 진정한 몸의 휴식을 갖고,
화요일은 개인 영성 발전을 위한 날로 각자 집에서 지내고,
수요일부터 토요일까지 근무를 했다.
사역비라고 해야 입에 간신히 풀칠할 정도지만 늘 황송했다.
그리고 꿈에 그리던 전도인으로서 즐겁고 감사한 실현의 장이었다.
이런 놀라운 사역자 근무 체제는 다시는 안 왔고 어디에도 존재한 바를 본 일이 없다.

한번은 못다 한 장부 정리를 휴일에 집에서 하리라 생각하고 가져갔다.
출근하려고 버스를 탔는데 앞에 계신 분이 무겁다고 받아 주셨다.
근데 내릴 때 깜박하고 장부 보따리를 안 가지고 내리고 버스는 가 버렸다.
애고~ 직원들한테 기도를 부탁하고 얼마 후 내린 곳에서 건너가서 같은 번호 버스를 탔다. 왠지 내가 서 있던 곳에 가 보고 싶어서 보니 어머나! 내 장부가 그 자리에 그대로 있었다. 가지고 있던 분이 그 자리에 놓고 내린 것이었다. 그 버스는 시내를 한 바퀴 돌아와 다시 종점으로 향하는 중이었다.
하필 내가 바로 그 버스를 탔고, 잊어버렸다고 법석을 떨던 그 장부는 그 자리에 있고….
나는 아기를 찾은 것처럼 "주님 감사합니다."를 외치며 장부를 끌어안고 선교회로 왔다.

그리고 깨달은 것이 있다.

직장 일은 절대로 집으로 끌고 가지 말 것, 집의 일은 절대로 직장으로 가지고 가지 않을 것.

그 이후 출근하면서 집의 일은 잊어버리고, 퇴근하면서 직장 일은 잊어버린다.

얼마나 홀가분한 생활 패턴인지! 우리 전임 사역자들은 제일 이상적인 근무 체계를 거의 실현하고 있었다. 나에게 이 아름다운 사역 패턴은 다시는 주어지지 않았다. 오직 여기서 뿐이었다.

도둑의 시험

한 달 월급이 들어오면 제일 먼저 십일조를 떼고 그 외 감사 헌금 등 분류한 후 생활비를 어머니께 드리는 것이 내 습관이다.

어느 날 너무 피곤해서 '내일 헌금 분류를 해야지.' 하고 서랍에 넣고 자고 나서 선교회로 출근을 했다.

어머니에게서 전화가 왔다.

나갔다 오니 도둑이 다녀가서 집 안에 있는 것을 다 어질러 놓았단다.

도둑은 반드시 흔적을 남기는데 옷가지랑 모든 것을 탈탈 털어 헤집어 놓고 간다.

집에 와 보니 엉망이다. 헌금은커녕 우리가 한 달 동안 먹을 것도 경비도 없었다. 원망이 앞서고 괜히 부끄러웠다. 뭔가 내가 잘못이 있어서인 것 같았다.

"하나님! 내가 얼마나 더 열심히 섬겨야 하나요? 내가 무엇을 더 해야 하나요?"

선교회에 생활비까지 다 도둑이 가져갔다고 전화했다.

"자매님, 하나님은 시험을 받지도 시험을 하지도 않으신다는 것 아시죠?"

전화를 받은 같이 근무하는 전임 사역자 형제는 **야고보서 1장 13절**을 상기시켜 주었다.

'앗, 나는 마귀의 시험에 넘어간 거구나.'
야고보서 말씀을 보면서 내가 하찮은 시험에 넘어간 것을 즉각 깨달았다.
'야, 선숙아, 무슨 뜨겁게 주님을 사랑한다고 하냐? 도둑이 한 번 드니 실망하면서.'
나 자신의 믿음이 형편없음에 놀랐고 하나님께 부끄러웠다.
나는 내 믿음이 꽤 괜찮은 줄 알았는데 지금 보니 어림 반 푼어치도 없었다.

"에구, 주여! 죄송합니다. 하나님 원망한 것을요. 이젠 무슨 일에도 놀라지 않고 하나님을 신뢰하고 나가겠습니다."라고 고백했다. 민수기의 이스라엘 백성이 어려운 일만 만나면 불평하는 것을 딱하게 생각했는데, 나도 결국은 똑같은 미련을 떤 것이었다. 이튿날 출근하니 대표 형제가 생활비에서 조금 할애했다고 하면서 봉투를 하나 내밀었다.
또 몇 분이 조금씩 주셔서 그달에는 평소보다 많은 액수의 생활비가 되었다.

실은 전임 사역자들 모두가 허리띠를 졸라매고 근무하고 있었는데 거기서 그 가운데서 떼어서 내게 나누어 주는 진짜 사랑을 눈물로 영접했다.
진정한 주님의 사람들의 사랑이 어떤 것인지 뼈저리게 경험한 사건이었다.

죠이선교회에서 첫 설교를 하다

죠이선교회 수양회는 천국 축제와 같았다.

주님을 모르는 친구들이 3분의 1 이상이 될 정도로 참석하고, 이미 주님을 아는 친구들은 오랫동안 그분들의 구원을 위해 기도해 왔기에 전원 봉사자인 듯 활동했다.

장소는 주로 그 당시 최고의 숙박 시설을 현대적으로 갖춘 기독교 수양관이었다.

경관도 최고였다.

숙소에서 강당으로 가는 길은 나뭇잎이 우거지고 햇빛이 간간이 비추는 깊은 계곡이 있었고 콰이강의 다리 같은 멋있는 목조 다리가 있었다.

졸졸 흐르는 시냇물 소리, 새 소리를 음악으로 들으며 다리를 건너서 강당에 갔다.

말씀을 맡으신 주 강사님들은 늘 복음의 진수인 성경 말씀을 전하셨다.

오후 시간에는 번뜩이는 아이디어로 신앙을 생활화할 수 있는 게임들과 싱어롱 시간들과 조별 강의와 토의 등 흥미진진한 프로그램들이 진행되었다.

곱게 다듬어진 푸른 잔디밭을 지나 식당에 가면 평소에 잘 접할 수 없는 최신식 식단들이 기다렸다. 그중 첫날 저녁 식사는 기대 이상으로 푸짐하고 현대적이어서 나는 늘 이 시간을 즐겼다.

이렇게 참석자들을 푸근하고 신선하게 대해 주면서 저녁 시간에는 말씀의 융단 폭격이 시작된다. 주님의 사랑이 느껴져서 흐느끼며 그 시간에 주님께 나오는 젊은이들이 많았고 참석자 거의 대부분이 천국 백성이 되곤 했다.

이런 고도의 은혜를 경험하던 중 어느 낮에 내게 설교를 맡겨 주셨다.
참으로 떨리고 떨렸다. 그러나 어디라고 거역하겠는가?

본문은 민수기 14장 6~9절이었다.
"믿음으로 살자."였다.
광야의 이스라엘 백성 앞에 시험이 있듯이 우리 앞에는 언제나 불신의 시험이 온다. 그러나 하나님이 식언치 않으시고 젖과 꿀이 흐르는 땅을 약속하신 것은 확실하다. 두려움과 원망, 불평을 버리고 순간순간마다 항상 '믿음'을 선택하자는 것이다.

말씀을 전하면서 내게 크게 확신이 왔다.
그래 이거구나.

항상 이 광야의 길에 하나님이 나를 버리시고 고난만 주실 것 같은 두려움, 이것이 불신앙이구나.

"나는 항상 믿음만 선택하겠습니다. 도우소서." 간절히 이정표를 세우며 기도했다.

이 기도는 나의 평생의 메시지요, 기도가 되어서 늘 그때의 설교를 기억하며 믿음으로 걸음을 내딛게 되고는 했다. 또한 이곳에서 받은 제자 훈련과 성도의 교제는 믿음의 여정에서 내게 소중한 자산이었다. 나는 이 체계적인 신앙 훈련을 우리나라 교회에 전하고 싶은 소원이 간절했다.

내 앞에 사막이 젖과 꿀이 흐르는 땅이 되느냐 안 되느냐는 나의 '믿음' 선택에 달린 것이다. 여호수아와 갈렙은 하나님의 약속을 현실로 받아들이며 광야를 젖과 꿀이 흐르는 땅을 밟는 것같이 살았다. 그리고 드디어 그 땅에 들어가서 또 젖과 꿀이 흐르는 땅을 일구었다. 이것이 그 두 사람의 현실에 닿은 믿음이었다.

신학교에서 첫 설교를 하다

신학교 새벽 기도회는 학생들이 돌아가면서 한다. 나는 설교학 설교 실습 통과는 하였지만 다시는 내 생애에 설교는 안 하겠다고 결심을 단단히 했었다. 설교 작성 시 우리 담임 목사님 설교를 3분의 1정도 섞어서 적었다. 근데 뒷맛이 그렇게 떫을 수가 없었다. '아이구! 이런 것이 설교라면 난 다시는 안 한다.' 누구한테 고백도 못 하고 혼자 다졌다. 근데 과 대표가 내 차례가 되었다고 기숙사생 새벽 예배 때 설교를 하라고 했다. 안 한다고 버텨도 떠맡겼다. 나도 모르게 필통을 냅다 던지면서 성질을 냈다.

그 후 학교에서 어떤 과목을 듣다가 마음이 어지러워 기숙사로 돌아왔다. 성경을 펴니 **시편 23편**이 눈에 들어왔다.

"여호와는 나의 목자시니 내가 부족함이 없으리로다."
'내가'라는 주체적 단어가 확 들어왔다. 난 "하나님이 목자신데 나를 부족함 없이 해 주셔야 해요." 하는 태도였다. 그런데 다윗은 당당히 '내가'라고 하는데 나는 무엇을 하고 있나? '나도 부족함이 없다!! 하나님이 내 목자시니까.' 이렇게 생각하니 감사해서 눈물이 줄줄 나왔다. 다시 이 말씀을 천천히 암송하니 꿀맛 같았고 정말 하나님은 내게 모든 것을 채워 주시니 나는 부족함이 없어서 암송하고 또 암송하며 눈물로 은혜를 누렸다.

동양선교회 사무실에 와서 이 일을 멘토님에게 얘기했더니 설교는 그렇게 내게 와닿은 말씀을 함께 나누는 거라고 격려해 주셨다. 그때 '아! 나도 설교할 수 있겠다.'라는 확신이 들었다. 과 대표에게 가서 사과하고 설교하겠다고 했다. 시편 23편으로 내게 주신 은혜를 나누는데 성경이 더 환하게 열리는 것처럼 설교하는 그 시간에 여러 말씀이 이해되며 쏟아지는 것이었다. 그 설교로 제일 은혜받은 사람은 나였다. 이미 열린 말씀이 설교 시간에 또 열리고 더 열리는 은혜는 대단했다. 꼭 하나님께서 큰 잔칫상을 내게 차려 주시고 여러 진찬 메뉴를 더 베풀어 주시는 기분이었다. 이렇게 나의 신학교 시절 첫 설교는 주님과의 교제를 나눔으로 시작되었다.

4장

서울 강변교회로
인도하시다

발칙한 질문

1980. 5. 1. 서울 강변교회(이촌동) 전도사로 부임했다.

내가 처음 보는 고층 아파트들이 가고 가도 끝이 없었다.

나는 그곳에 우리나라 최고 괜찮게 사는 분들이 살고 있다는 것도 모르고 있었다.

교회에 와 보니 교회 근무자들이 목사님을 존경하지는 않고 무서워하기만 했다.

한번은 돈을 얻으러 온 분에게 사영리를 가지고 복음을 전하고 있었는데 목사님이 부르신단다. 이분한테 전도를 하고 간다고 말씀드려 달라고 하고 전도 후 목사님께 갔다. 근무자들은 나를 딱하게 보면서 "전도사님, 이제 목사님께 혼나실 거예요." 한다. 감히 목사님을 기다리게 했다는 것이었다.

그 당시는 교회에 도움을 받으러 오는 분이 참 많았다. 나는 이분들에게 꼭 개인적으로 복음을 전하고 기도해 주고 구제비를 드리곤 했다. 이것은 죠이선교회에서 근무할 때 지도자들에게서 배운 것이었다. 한 번도 그냥 드리는 일이 없었다.

목사님께 부르셨냐고 하며 사연을 말씀드리니 꾸중도 안 하시고 용건만 말씀하셨다.

나는 근무자들이 목사님을 존경하지 않는 것이 참 이상했다.

그래서 어느 날, 목사님께 교회를 그만둘 각오를 하고 따져 물었다.

"목사님, 예수님을 구세주와 주인으로 믿으시나요?"

"그럼, 예수님을 구세주와 주님으로 믿지."

30살 쪼그만 것이 대부흥사 앞에서 이런 질문을 하다니 기가 막히고 화가 나셨을 텐데 전혀 기분 나쁜 얼굴이 아니시다.

"그럼, 목사님은 주님 뜻대로 교회를 운영해 주세요. 저는 목사님을 아버지처럼 모시고 하나님의 일에 충성하겠습니다."라고 했다. 목사님이 그러시겠다고 답을 주셨다.

그 이후 목사님은 모든 행동이 나이스해지셨다. 부교역자들에게 호텔 커피도 잘 사 주시고 부드러워지신 것뿐만 아니라 모든 면에서 인격적이고 친절하셨다. 모두가 한 가족이라는 생각이 들 정도로 분위기가 좋아지고 근무자들은 목사님을 존경하게 되었다.

사실 부임을 하고 첫 주일 예배 시 나는 애를 먹었다.

모든 것이 낯설 뿐만 아니라 내가 섬길 교회라는 친근감이 오지 않았다.

강단 좌우에는 파이프 오르간 형태를 한 모형 파이프가 있었고 전자 오르간도 있었다.

그러나 내 온몸이 옥죄어 오는 것같이 가슴이 조여 왔고 벽을 뚫고 나가야 할 것 같이 가슴이 터져 나가는 것 같았다. 하마터면 소리를 지를 뻔했다. 간신히 예배를 마치고 중이층에 덩그러니 앉아 있는데 싸늘함이 느껴져 왔다. 외로움에 눈물이 흘렀다.

아무래도 나는 주님의 인도하심을 잘못 알고 이곳에 온 것 같았다.

"주님, 제가 잘못 온 것 같아요. 사표 내야 할 것 같아요." 했다.

내려와서 좁다랗고 길게 난 교회 담 옆에 있는 화단을 걸어가는데,

"내가 왜 너까지 복음이 제대로 전해지고 교제권이 잘 형성된 곳으로 보내야 하니?"

옆에서 함께 걸으시면서 말씀하시는 것 같은 주님의 음성이 화단에서부터 들렸다.

나는 평소에 복음이 없고 황량한 곳에 보내 주시라고 기도도 하고 아골 골짝 빈 들에도 가겠다고 했지만, 막상 내 머릿속에서는 제대로 모든 것이 갖추어진 교회를 그리고 있었던 것 같다.

그날 교회에서 받은 인상대로 교회에는 이상하게 부요의 완고함으로 무장된 분위기가 있었으며, 실질적인 주님의 사랑은 아직 있지 않아서 주님이 나를 이곳에 보내신 것을 알게 되었다. 교회의 어려움을 볼 때마다 "그래, 그래서 날 이곳에 보내신 거야." 하면서 받아들이면 문제가 되지 않았다.

교인들에 대해 문제가 생기거나 중요성이 느껴질 때는 반드시 목사님 댁으로 가서 사모님과 목사님 두 분 다 계신 데서 말씀드렸다. 그러면 목사님과 나의 일대일 시간을 줄이고 사모님과 목사님 두 분의 조율된 의견으로 교인들을 도울 수 있었다.

그러나 이 교회의 완고하게 무장된 모습, 품위 있게 교회에 나오기는 하지만 견고한 성 같은 높은 벽은 내가 감당할 수 없을 것 같고 무너뜨릴 수는 더더욱 없다고 느꼈다. 멘토께 찾아가서 상담하면 '아낙 자손 앞의 메뚜기'같이 암담한 나를 위해 "기도합시다." 이 한마디만 하시고 간절히 기도해 주시는 것이었다. 그런데 하루는 룻기를 읽으면서 하나님이 나에게 말

씀하시는 것 같았다.

"룻처럼 이삭 하나씩 주우면 안 될까?"

"그야 할 수 있죠. 이삭 하나씩은 주울 수 있을 것 같아요." 나는 대답했다.
이 말씀이 나의 목회의 분량이 되었다.
'이삭 하나!' 이렇게 생각하면 부담감이 사라지고 발걸음도 가벼워졌다.
한 영혼을 위해 일한다고 하면 부담감이 사라졌다.

후임 사찰 집사님과 동료 간에 어려운 일들도 많이 발생하곤 했다.
특히 은혜가 충만한 집회를 앞에 두면 꼭 내가 눈물이 쏙 빠질 일들이 생긴다.
송명희 시인이 우리 교회에 와서 간증하는 날은 큰 은혜가 임했다. 그러나 그날 집회 전에 사찰 집사님이 장애를 가진 송명희 시인에게 맞게 강대상을 안 옮겨 줘서 얼마나 애를 먹었는지 모른다. 집회가 시작되면서 은혜가 엄청나게 임했건만, 나는 교회 주변 뒤편에서 펑펑 울며 마무리를 해야 했다. 그리고 깊이 깨달았다. 하나님이 크게 역사하실 것을 알고 마귀가 크게 설쳐 대는 것을!!!
그 이후로는 말썽이 많을수록 '오! 오늘 주님이 큰 은혜 주시겠구나.' 하며 묵묵히 참아 낸다. 하나님은 한 번도 실수하지 않으신다.

창세기 37장에 나오는 '요셉 이야기'에 들어갈 때마다 목회의 힘을 많이 받곤 했다.

> **"그가 요셉에게 자기의 집과 그의 모든 소유물을 주관하게 한 때**
> **부터 여호와께서 요셉을 위하여 그 애굽 사람의 집에 복을 내리시**

므로 여호와의 복이 그의 집과 밭에 있는 모든 소유에 미친지라.”
(창 37:5)

“여호와께서 요셉과 함께 하시고 그에게 인자를 더하사 간수장에
게 은혜를 받게 하시매.” (창 37:21)

이 말씀들을 볼 때마다 하나님께서 하나님에 대한 나의 충성 때문에 이 교회에 복을 주겠다고 말씀하시는 것 같았다. 이 구절에 오면 손가락으로 이 말씀을 짚어 훑으며 또 간절히 간구했다.

“저 때문에 우리 교회가 복을 받고 교인들이, 어린이들이, 대학생들이, 청년들이 주님의 복을 받게 해 주세요.”

감히 누군가는 우습다고 할 수도 있겠지만 나는 진지했다. 내게 주실 복을 이 교회에 다 부어 주시라고 기도하고 또 기도했다. 햇수로 30년을 시무했으므로 엄청나게 수없이 이 기도를 했다는 것이다. 과연 주님은 우리 교회에 많은 복을 주셨다.

겸손으로 무장되신 목사님

목사님은 한 번도 교역자들에게나 특히 잘못하는 교인들을 야단치는 일이 별로 없으셨다. 교회가 견고해지고 든든히 서니까 교단 총회 일도 좀 돌보아야겠다는 생각이 드신 듯했다.

그 당시 공직에 근무하시는 장로님 댁에 심방을 갔는데 그 장로님이 대놓고 "목사님, 총회장 나가지 마세요."라고 했다.

그런데 목사님은 교단 총회장에 출마하셨고 총회장직을 지내셨다. 교단은 좋았겠으나 목사님께는 큰 난관의 씨가 되었다.

이때 목사님이 교회 돈을 총회장 선거에 쓰셨다고 소문이 났다. 공인회계사가 감사한 결과 이상 무였으나 이미 교인들에게는 중고등부, 학생, 교사, 청년, 장년에 이르기까지 오해의 파장이 컸다.

이 일에 주동이 된 사람들은 대개 목사님의 큰 사랑을 입고 목사님의 주선으로 취직과 보살핌을 많이 입은 분들이었다. "내 떡을 먹는 자가 내 발꿈치를 들었다."라는 말씀대로 된 것이었다. 공예배 때 어떤 장로가 앞에 나가 선동까지 했다.

이 모든 일에 대해서 목사님은 한없이 고개를 숙이며 변명 한마디 없이 **"다 이 종이 부족해서입니다." 하고 떠안으셨다.**

몇몇 주동하신 분들은 뜻대로 안 되었다고 몇 교인을 데리고 그 당시 떠오르는 옆 큰 교회로 갔다. 그래도 그해 재정 결산을 해 보니 전년 대비 전혀 축이 안 났다.

버블만 없어진 것이다.

이런 환난은 약 1년여 계속되어 그동안 '새벽 기도 인도, 교인 심방'은 오롯이 나의 몫이었다. 하루 종일 심방하고 새벽 기도회 준비를 하고 자려고 시계를 보면 새벽 3시 정도 되었다. 정말 잠도 못 자고 먹지도 못하며 오직 교회를 지키며 아픔까지 껴안는 일은 진땀과 뼈를 깎는 일이었다.

불상사가 또 있었다. 대학 진학을 못 한 한 청년이 부모님의 성화에 병들어 자살을 했다. 그 청년은 부모님의 꿈을 매일 잔소리로 어깨에 짊어지고 우울병이 너무 깊어서 일어날 수가 없었던 것 같다. 부모님과 심하게 다툰 후 일이 벌어졌다. "그렇게 내가 죽기를 원하시면 죽겠습니다." 하고 늘 준비해 두었던 농약을 먹었던 것이었다. 위가 평소에도 안 좋았었기에 치사량이 심해서 위세척을 해도 결국은 못 깨어났다.

이때 나는 교사들을 데리고 교육차 출타 중이어서 부재중에 이 큰일이 벌어졌다.

덩치 크신 장로님이 사택 문을 벌컥 열고 문 앞에서 눈을 크게 뜨고 소리를 지르셨다.

"전도사님, 사표 내고 교회를 나가세요." 하셨다.

가뜩이나 가슴에 멍이 들어 차라리 내가 죽었으면 하며 머리를 못 드는데 와서 삿대질이었다. 바로 사표를 써서 목사님께 가지고 갔다.

"가만히 있어요. 그 말이 전도사님한테 하는 것이 아니고 나한테 하는 말이에요." 하시고 사표는 거들떠보지도 않으셨다. 나도 충격이 이만저만이 아니었다.

　말씀을 붙들고 매달렸는데, 내가 감당할 일이 아니었다고 주님은 그렇게 내 충격을 어루만져 주셨다.

　이런 환난에 고통받는 목회자들이 상처를 말끔히 치료받지 못하면 평생 가슴에 못이 박힌다. 시간이 흐른 뒤, 교회에 잘 안 나오는 한 청년이 나에게 "그때 그 형이 자살하는 것, 왜 못 막으셨어요?" 한다. 그 상처로 그 청년은 교회에 가까이 가지 못하고 서성이고 있는 것이었다.

　목회자란 참 힘들다. 1초도 방심할 수 없다.
　조금이라도 안정이 오면 총력을 모아 외부의 적을 향해 "전도 돌진, 봉사 돌진!" 하여 마귀에게 틈을 주지 말아야 한다. 이 사건으로 많은 것을 깨달았다. 목회의 안정으로 모이는 힘은 오직 복음 발전을 위해 피나는 전투에 써야 한다는 것을!
　안정은 최고의 적이라고 느꼈다.

어린이 교회 학교와 대학부

목사님이 어린이 주일 학교를 맡기셔서 교사 준비 교육으로 시작해서 체계를 잡아 가기 시작했다. 어린이 교회는 300명이 넘는 아이들로 주일마다 넘쳐 났다. 교사는 주로 대학생들이 했다. 나는 결석생 전원을 그 주에 다 심방하고 기도해 주고 각 가정의 기도 제목을 알아 오고 그 학생들의 형편을 출석부에 메모로 남겨 담임 교사들에게 전달했다. 그러면 그 주일에 교사들이 어린이들을 훨씬 살갑게 맞이할 수 있고 교감을 잘 할 수 있었다.

하루는 대학생 몇 명이 와서 "우리에게도 성경 공부 좀 가르쳐 주세요." 라고 했다.

목사님께 말씀을 드렸더니 그럼 그렇게 하라고 하셨다. 이렇게 대학부도 시작되었다.

어린이 교회 학교 교사들은 주로 대학생들이 하기에 미리 주 교사 성경 교육을 하고, 그림 자료 등을 준비하여 제공했다.

교사들은 열심히 성경을 공부하고 준비해서 반별로 성경 공부를 가르쳤다.

예배 시간에는 교사나 어린이나 오직 예배에 집중하여 은혜를 받게 했다.

그러면 교사들이 더 은혜를 받으며 좋아했다.

여름 성경 학교 같은 때는 교회 여전도회장님, 장로님, 권사님들을 특별 강사로 모시기도 했다. 그러면 교회 학교를 더 귀히 여겨 주시고 물심양면으로 섬겨 주셨다.

이것이 기반이 되어 한때는 교단에서 여름 성경 학교 교재 교육을 의뢰해 왔다.

주 교사 중에 그림에 소질 있는 몇 명이 있었는데 재능 기부를 해 주어서 '화극'을 준비하여 함께 여러 지방을 다니며 성경 교육을 한 일도 있었다.

고등학교를 졸업하면 대학부로 청년부로 진학한다.

이들 몇 명을 데리고 토요일 저녁 성경 공부를 시켰는데 점점 공부에 참여하는 학생들이 많아지며 부흥하기 시작했다.

주일날은 어린이 주일 학교로, 중고등부 교사로, 성가대로 각각 흩어져 신앙 활동으로 교회를 섬겼다. 이들이 올라오면 신선한 바람으로 성가대가 풍성해졌다.

모든 작고 큰 교회 행사에서 필요한 노동은 다 대학 청년부 몫이었다. 어른들의 사랑을 받으며 이들의 신앙은 튼실하게 자라 갔다.

대접받고자 하느냐?

처음 교회에 부임했을 때 송파구 방이동 아파트에 세 들어 살았다.
교회에 출근할 때 빨리 가려면 5~6번은 버스를 갈아타야 했다.
무척이나 고단한 하루하루였다.

어느 날 일찍 교회에 갈 일이 있어서 노량진에 아침 6시경에 닿았다. 버스를 환승하려고 기다리는데 어떤 분이 급하게 버스에 오르느라 신발이 버스 밑으로 떨어졌다. 나는 달려가 신발을 주워 드리고 보니 반포3동에서 밤에 오셔서 기도하시고 새벽 예배를 드리고 가시는 우리 교회 권사님이셨다.

그때 와락 존경심이 우러나며 우리 교회는 이런 권사님들의 기도로 지켜지는 곳이라는 것을 알았다. 이걸 알게 하시려 하나님이 이 설정을 하신 것 같았다.

교회에서 늘 철야를 하시고 새벽 기도까지 마치고야 집에 가시는 분들이 몇십 명이었다. 어떤 때는 40명도 넘었다. 이 기도 대원들을 이끄시는 기도 대장이 바로 목사님과 사모님이셨다. 집에서 주무시지 않고 교회에 와서 기도하다 잠깐 눈을 붙이시면서 교회의 기도 불을 붙이고 이어 가시는 분들이셨다.

송 사모님은 신학생들 여럿을 늘 밥해 먹이고 학비를 걱정해 주며 섬기셨다. 그 당시 신학생들은 늘 배를 곯고 차비나 학비를 염려해야 했다.

어려운 집에 심방을 가실 때는 심방 차 트렁크에 늘 쌀을 준비해서 가져가시곤 했다.

한번은 목사님 댁에 일이 있어 갔는데 온 집 안을 뒤지고 계셨다. 손녀 돌 반지 하나 남은 것을 하나님께 드리려고 잘 두었는데 안 보인다고 하셨다. 빨리 드렸어야 했는데 게으름을 피워 잘못했다고 하나님 앞에 회개하시면서 찾고 계셨다.

"그때 빨리 그것도 드렸어야 하는 겨. 내가 잘못했지." 하시는 어린애 같은 순전한 믿음을 보고 나는 가슴이 뜨끔할 정도로 사모님의 다 바치시는 모습이 존경스러웠다.

겨울에는 추우니까 이불과 방석이 기도하는 곳 한구석에 늘 쌓여 있었다. 나는 이 귀함을 모르고 '좀 세탁을 잘 해서 가져다 놓으면 좋을 텐데.'라고 생각했다. 지금 생각해 보면 참 귀하디귀한 일인데 이 풋내기 전도사는 그 귀중함을 몰랐다. 그때는 특별 기도라는 것이 없었다. 항상 기도하는 분들이 많았으니까.

박원길 원로 장로님은 신학생들의 배고픔을 늘 같이하셨기에 돌아가실 때, 전사한 아들의 연금 모으신 것을 어려운 자손들에게 주지 않고, 신학생을 위해 장학금으로 남기셨다. 돌아가시기 얼마 전에 목사님을 독대하여 이 기금을 헌금하셨다. 꼭 목사님이 되려는 분을 위해 써 달라고 당부하셨다.

그렇게 고단하던 어느 날, 집에서 물끄러미 문 쪽을 바라보는데 마음속 깊은 곳에 불편함이 있었다. 너무 짜증 나도록 힘든데 교회는 몰라주는 것 같았다.
말씀 한 구절이 확 들어왔다.
**"그러므로 무엇이든지 남에게 대접을 받고자 하는 대로 너희도
남을 대접하라.**

이것이 율법이요, 선지자니라." (마 7:12)

예쁘게 인쇄된 말씀 카드였는데 문에 붙여 놓은 성구가 내 마음을 울렸다.

"너는 지금 대접을 하고 싶어서 속상한 거냐?
대접을 받지 못해서 속이 불편한 거냐?"

아! 나는 대접하러 이 교회에 왔으면서 사역 초반인데 벌써 피곤을 알아주지 않는다고 찡그리고 있구나, 벌떡 일어나서 주님께 회개 기도를 드렸다. 못난 생각을 하며 감사를 잊은 것에 대해서. 버스를 몇 번씩 갈아타시며 철야 기도로 교회를 지키시는 분들도 있는데 나는 무엇이 부족한 것처럼 느끼는 것이 부끄러웠다.

이 사건 이후로 황금률 말씀은 나를 자주 일으켜 세워 주었다.

"나는 이 교회에 대접하러 온 것이지 대접받으러 온 것이 아니다."

또한 고단한 이 한 몸을 주님께 의탁해야지 누구에게 기대면 안 된다는 것도 철칙으로 배웠다. 내 목회의 철칙을 몇 가지 세웠다.

첫째, 내 몸을 오직 주님께만 의탁할 것.
"예수는 그의 몸을 그들에게 의탁하지 아니하셨으니 이는 친히 모든 사람을 아심이요, 또 사람에 대하여 누구의 증언도 받으실 필요가 없었으니 이는 그가 친히 사람의 속에 있는 것을 아셨음이니라."
요한복음 2장 24~25절이 나를 붙들어 주었다.

둘째, 칭찬에 둔감할 것.
"모든 사람이 너희를 칭찬하면 화가 있도다. 그들의 조상들이 거짓 선지자들에게 이와 같이 하였느니라."

누가복음 6장 26절 말씀은 나의 시금석이다. 나를 칭찬하는 사람에게 기울어지는 내 몸을 바로 세우게 했다. 누가 칭찬하면 오히려 더 경성하게 되는 말씀이다.

셋째, 청출어람이다.

내가 이제까지 배운 것은 남김없이 다 줄 뿐 아니라 나보다 더 신앙과 인격이 출중한 주님의 사람들이 나오도록 신앙의 기초를 든든히 놓아 주겠다고 다짐했다.

> **"내가 진실로 진실로 너희에게 이르노니**
> **나를 믿는 자는 내가 하는 일을 그도 할 것이요,**
> **또한 그보다 큰일도 하리니 이는 내가 아버지께로 감이라."**
> (요 14:12)

주님은 제자들이 주님을 능가해서 세계를 누비는 기초를 놓아 주셨다.

동부 이촌동은 그 당시 서울의 잘나가는 동네였다.
교회에서도 돈 얘기가 중심이었다.
'아, 조금만 발을 헛디뎌도 나는 골로 가겠구나.' 하는 것을 즉시 알았다.
나도 '돈돈' 하게 생긴 것이었다. 그래서 결심했다.

"주님, 이 교회에서 받는 생활비 모두를 내 입 풀칠 외에는 다 이 교인들을 위해서 쓰겠습니다. 교회 사임 시에는 빈손이 되겠습니다."

이 기도를 하고 나니 나도 돈에 대해서 자유로워졌다.
나이 육십에 사임하고 퇴직금으로 이것저것 정리하고 나니 정말 통장은 빵이었다. 할렐루야!

구희 권사님

구희 권사님!

이름만 불러 봐도 존경과 그리움이 뒤섞인다.

권사님은 남편이 고위 공직에 계시니까 모든 수발을 다 드시고 교회에 오시기에는 항상 발걸음이 바쁘셨다. 그래도 제일 앞자리인 강단 앞 중앙 통로 우측 첫 자리에 지정석처럼 가서 앉으셨다. 공예배에도 거의 빠지는 일이 없으시고 새벽 예배는 말할 것도 없었다. 우리 교회 창립 때부터 같이 하시고 은사가 많아도 아주 온유하셨다.

항상 모범이시고 충성을 하시는데도 말씀은 별로 없으셨다.

그러나 여러 교인을 심방해 보면 권사님은 먼 친척에 이르기까지 돌보시며 교회로 인도해 오신 분이 많았다. 대개는 권사님의 끊임없는 사랑과 기도 덕분에 주님 앞에 오셨다. 남편 직장에 계신 분들 중 어려운 분들은 더 잘 돌보시고 또 주님 앞에 인도하셨다. 권사님의 일가친척 중 많은 분이 믿음의 식구가 되었고, 권사님은 끝까지 이들을 친절하게 돌보셨다. 그래서 그분들은 집이 먼데도 강변교회의 식구들이 되었다.

지금까지도 권사님의 몇 가족이 남아 교회를 섬기고 있다.

권사님의 믿음이 획을 그은 것은 큰아들이 교회 수련회에 갔다가 하나님 나라에 갔을 때부터였다고 한다. 모든 것이 단아해지시고 하나님 앞에 더욱 분명한 믿음으로 나오셨다고 전해 들었다.

믿음 생활도 아주 돈독하셔서 집안 제사를 거부하시니 남편이 가출도 했지만 권사님의 믿음은 꺾을 수 없었단다. 대방동에 사시면서도 줄기차게 본 교회 새벽 기도를 나오시니까 좀 그만두라고 권면하시다 못해 새벽 기도를 하고 오시는 권사님께 지체 높으신 남편이 대문에 들어서시는 권사님께 한 양동이의 물을 부으셨다. 그러나 여전히 새벽 기도를 나오시니 남편이 할 수 없이 두 손 들었다고 하신다.

집에 조그만 금붙이가 생기면 곧바로 교회로 가져올 정도였다.
한번은 티스푼과 포크 세트가 생기셨나 보다. 우리 집에 친히 찾아오셔서 쓰라고 하시는데 참으로 겸손하셨다.

권사님네 자녀들의 혼사 때마다 축의금을 한 번도 안 받으시고 꼭 교회에서 결혼 예식을 했다.
명절 때가 되면 누가 인사를 오지 못하도록 대문은 며칠 동안 철통같이 걸어 잠그시고, 식구들은 쪽문을 사용해서 출입했다. 남편이 공직자라서 더 그러셨던 것 같다.

서울 근교에 계실 때는 어김없이 우리 교회 새벽 기도에 참석하셨다.

권사님께서는 며느리가 해외에 가 있는 동안 남은 가족들 식사 때문에 대치동에서 버스를 타고 강변교회 새벽 예배에 출석하시다가, 버스에 부딪혀 교통사고로 주님 나라에 가셨다. 천국 지점 교회에 오시다가 본점 천국으로 하나님이 홀연히 모셔 가셨다. 우리 모든 교회 식구는 충격에 빠졌지만 권사님은 할 일을 다 하셨기에 주님이 새 옷을 입히시고 면류관을 씌우시고 천국으로 인도하신 것이다.
교회 다른 권사님이 열흘 전에 꿈을 꾸셨는데 구희 권사님이 세상에서

볼 수 없는 흰옷을 입으시고 승용차를 운전해서 교회 앞마당에 들어오셔서 한 바퀴 둘러보시고 나가셨다고 했다. 꿈 그대로 권사님의 영구차는 교회 마당을 한 바퀴 돌고 장지로 향했다. 권사님은 평소에는 운전을 못 하셨지만 천국에서는 자유자재로 다니시나 보다.

권사님 장례식 때 난 참 많이도 울었다.

교회의 어머니, 기도의 어머니, 전도의 어머니, 사랑의 어머니라는 생각이 들었고 그 충성을 생각할수록 왜 그리 눈물이 흐르는지…. 천국에 올라가시면서 믿음의 겉옷 자락을 내려 주신 것을 여러 성도가 주워 들고 충성의 바통을 이은 것 같았다.

권사님의 자녀 중에는 장로님이 한 분, 목사님 사모님이 세 분 나왔다.

이런 권사님이 계셨기에 우리 교회는 든든히 서 왔다.

송재임 사모님

"그 교회 사모님이 상당히 사나우시고 까다로우시다는데 왜 가려고 하냐?"

좀처럼 말이 없던 오라버니가 내가 우리 교회에 오려고 준비 중일 때 한 말이었다. 나는 잘 모르는 일이고 기도하고 결정했으니 가겠다고 했다.

막상 와 보니 소문과는 달랐다.

사모님은 범사에 경우가 반듯하시고 사적인 것과 교회 물건 등을 엄격히 구분하셨다. 오래 봉사하신 분들이 교회 물건을 가지고 친한 사람들에게 인심 쓰고 나누어 주는 것 등을 일절 못 하게 하셨다. 상당히 명철하시고 확실하셨다. 아마 이런 부분이 오해를 부른 것 같았다.

내게는 오히려 송 사모님이 대하기 제일 편한 분이셨다. 항상 바른 것을 추구하시고 어린 사역자들을 많이 아껴 주시고 존경해 주시기까지 했다. 나는 사모님에게서 교인들을 섬기는 것에 대해서 알게 모르게 참 많이 배웠다.

사모님은 목사님이 안정된 교직에 계시다가 목회를 하시겠다고 하니 난감하셨단다. 아무리 반대해도 목사님이 꿈쩍도 안 하시고 뜻을 굽히지 않으시니 어깃장을 놓느라고 하루 종일 극장에 영화를 보러 다니고 해도 소용이 없었다.

그래서 생각을 바꾸셨다. '도대체 은혜를 받는다는 것이 무엇이기에 남편이 저렇게도 변했을까? 나도 은혜 좀 받아 봐야겠다.' 결심하시고 그 당시 유명한 한얼산기도원에 가셨다. 첫날 저녁 집회 때 이천석 목사님이 대뜸 "여기 목사 잡아먹은 사모들 일어나!" 반말로 말씀하시는데도 자신도 모르게 벌떡 일어나셨다. 사모님뿐만 아니라 여러 사람이 일어났단다. 그 시간부터 하나님의 은혜가 임하기 시작하는데 엄청나게 회개하고 하나님을 뜨겁게 사랑하시게 되었다. 그렇게 은혜를 받으시고 기도원에 다니시면서 성령께서 인도하시는 삶을 사랑하게 되셨다. 목회를 하시는 목사님보다 앞장서서 교인들을 사랑하고 섬기셨다.

심방을 갈 때는 애들을 방에 넣어 놓고 밖으로 문을 잠그고 나가셔서 전도를 하고 성도들을 돌보고 저녁에야 집에 오셨다. 그러면 애들은 녹초가 되어 있곤 했다. 그래도 기쁨으로 목사님을 도와 교회를 섬기며 교회 부흥을 도우셨다.

우리나라가 빈곤한 때였기에 어려운 교인들을 도와야 했다. 삼각지에서부터 오갈 데 없는 교인들을 돌보시며 동부 이촌동까지 따라온 교인들은 더욱 친살붙이처럼 돌보셨다. 신림동 산길을 굽이굽이 돌아 그 집이 그 집 같은데 용케도 잘 찾아내셨다. 흑석동 산꼭대기에 사시는 분들도 빠짐없이 친근하게 돌보셨다.

그냥 예배를 드리시는 것 같은데도 예배 후 누가 누가 결석했는지 다 아시고 무슨 일이 있는지 알아보고 도와주라고 말씀하시곤 했다. 나는 그 명철하심에 감탄할 뿐이었다.

교회 부흥을 위해 사모님은 집에서 편히 주무시는 것을 포기하시고 교회 교육관에서 철야 기도를 시작하셨는데 교인들도 기도 제목 없는 가정이 없기에 참 많은 분이 참여했고 기도의 응답 속에 신앙생활을 하게 되었다.

목사님은 새벽 예배를 인도하신 후 강단 뒤에서 교인들을 위해 일일이 이름을 부르며 몇 시간이고 기도를 다 하셔야 일어나셨다.

사모님은 철야 기도로 목회를 뒷받침하시고도, 낮에는 목사님과 심방을 하시며 교인들을 지극정성 보살피셨다.

목사님의 은퇴 시기가 가까워져 오자 참 기도를 많이 하셨다. 전역을 앞둔 군목 목사님을 모시는 것이 하나님의 뜻인지 간구하고 계실 때였다.

핸드폰이 없던 때다. 교회 사택인 우리 집으로 모르는 분이 전화해 오셨다. 우리 교단 군목이라고 하셨다. 그분은 초면인데도 두어 시간 넘게 우리 교회에서 모시려고 하는 분에 대해서 여러 가지 말씀을 길게 길게 자상하게 말씀하셨다. 본인 이름도 안 밝히고 끈질기게 말씀을 이었다. 결론은 모든 면이 우리 교회에 적합하지 않다는 내용이었다. 왜 나에게 그렇게 하셨는지 모르겠다. 내 생각엔 담임 목사님께 직접 전화하셨으면 더 좋았을 것 같았다.

나는 그때 주님과 약속한 바가 있었다. 우리 교회에 후임으로 오실 분에 대해서 기도만 할 뿐 관심은 두지 않기로 했었다. 그러니 그 전화 내용을 그대로 목사님과 사모님께 전달할 수밖에 없었다.

이야기를 다 들으시고 사모님이 말씀하시기를 무슨 오해가 있나 본데 그렇다면 시험이라면 더 잘 넘어가야 한다고 하셨다.

그리고 오해를 받는 그 목사님을 위해 기도하셨다. 결국 이분이 후임으로 오시게 되었다. 이렇게 사연을 넘고 넘어 오신 목사님은 부임 후 어수선

한 우리 교인들을 화합과 화목으로 이끄시는 탁월한 분이셨다.

송 사모님께 배운 심방 시 규칙이 있었다.
반드시 남녀 목회자가 심방할 시에는 세 사람이 한 조를 이룬다.
이를 지키기 어려울 때는 오해를 받지 않을 지혜를 사용한다는 것이었다.
운전기사님이 계실 때는 문제가 없는데 목사님이 운전하실 때는 난감했다.
그래서 나는 택시로 가고, 목사님은 승용차로 오셔서 집 앞에서 합류하곤 했다.

심방을 갈 집이 멀고 처음이면 그 전날 택시로 가면서 약도를 그려 놓고 기사님이나 목사님께 알려 드렸다. 돈도 더 들고 번거롭지만 신속하고 안전하고 모두를 편하게 할 수 있어서 좋았다. 그래도 늘 신났다. 주님 일은 나를 항상 흥분시켰다.

대심방 때는 약속 시간보다 가끔 지체될 때도 있었다.
그러면 무조건 내가 정확하게 전달하지 않아 차질이 생겼다고 얼른 그 상황을 끌어안았다. 그러면 교인들이 짜증을 내다가도 금방 이해를 해 주었다. 내가 먼저 사과하여 목사님이 편안하게 그 가정의 평안을 빌어 주시길 바랐다.

나는 목사님께 약속드린 것을 지키기 위해 애썼다.
하나님 다음으로 목사님을 아버지처럼 모신다는 것을 기도하고 현실적으로 노력했다.
이 약속은 강변교회에 있는 동안 나와 하나님 간의 약조로 이어졌다.

쌀 한 말

　종종 삶에 대해 상담하고 싶다고 찾아오시는 분은 대개 경제 문제였다.

　구걸하시는 분들은 낮에 오셨다. 그러나 어느 저녁쯤에 동부 이촌동에 사는 아주 귀티가 나는 젊은 여성분이 찾아오셨다. 생활 상담을 하겠다고 하셨는데 한참을 듣다 보니 사업이 망가진 집안 사정 이야기였다.

　갑자기 옮길 곳도 마련 못 하고 전전긍긍 지내셨는데 라면만 먹다 보니 밥을 먹고 싶다고 자녀들이 야단이건만 쌀을 구할 수 없어서 부끄럼을 무릅쓰고 교회로 오셨다고 했다. 나도 그즈음 뒷박쌀을 사다 먹고 있었다. 밤 10시가 다 된 터라 동부 이촌동 쌀가게 문은 모두 닫아서 전화도 안 되었다. 상가록을 훑어 나가다가 서부 이촌동에 있는 딱 한 집이 문을 막 닫으려고 했다. 간신히 사정사정해서 구입하여 드렸다.

　제발 낙담하지 말고 꼭 예수님을 믿고 굳세게 살라고 두 손을 붙들고 간절히 기도해 주어 보냈다. 우리 동네에는 남모르는 애환이 가끔 있었다. 사업이 쫄딱 망해서 오갈 데 없이 절망으로 헤매는 분들이 있었다. 이웃 어디에도 창피해서 말을 못 하고 한 끼 식사를 걱정하는 딱한 사정이었다. 그러나 교회는 밤이면 깜깜한 건물만 있다.

　어느 교회를 봐도 그런 것 같다. 어찌해야 절벽에서 살길을 찾는 분들에게 길이 될 수 있을까?

어느 날, 또 한 분이 사업이 부도나서 반도 아파트 큰 평수에 사셨건만 집을 내주고 이사 갈 곳을 마련해야 했다. 친구 권사님이 권면해서 우리 교회에 몇 번 오신 분이었다. 그 가정에 심방을 가야 하는데 딱한 이 집에 도움이 될 물건이 없었다.

마침 누가 준 참기름이 있었다. 그 기름 한 병과 겨우 만 원 한 장을 달랑 들고 가서 부끄럽지만 보태시라고 하며 성경 말씀을 드리고 기도해 주었다.

그 당시 나는 교회 마당 한편에 있는 슬레이트 지붕에서 비가 새는 사택에 살면서 밤늦게까지 삶에 지친 분들을 많이 만날 수 있었다. 그것이 참 감사했다. 오갈 데 없고 돈이 떨어지면 그래도 교회로 오시는, 도움이 필요한 분들을 만나서 비록 적지만 구제도 하고 복음을 전하고 기도해 드릴 수 있는 것이 좋았다. 이렇게 예수님을 믿으신 분 중에는 아주 신실한 분도 있었다. 딱 두 분이 다시 찾아와서 감사했노라고 하면서 예수님을 믿고 건강히 사는 모습을 보여 주셨다. 큰 교회에 가서 도움을 청해 보라고 하면 큰 교회에 가면 교회 사람들은 만날 수 없고 거기 근무하는 분들에게 쫓겨난다고 했다.

어려워 보이는 분들이 교회에 오면 모두 나를 부르며 "전도사님, 친구분들 오셨네요." 하며 웃었다.

기도는 최고의 선물

심방을 가야 할 곳은 참으로 많았다.

방춘화 권사님이 일본에 있는 따님 댁에 오랫동안 계시다가 귀국하셨는데 연세도 많으시고 몸이 많이 쇠약하셨다. 전에는 부유하게 사셨으나 가세는 기울고 따님들도 어려워져서 권사님을 재정적으로 도울 수 없었다. 한국에 오랜만에 오셨으나 외롭고 편찮으셨다.

심방을 갔다. 권사님 계신 곳에 빈손으로 성경 찬송만 가지고 가니 참 민망했다. 그때 나도 모르게 한숨 어린 기도가 나왔다. 민영 아파트 C동 모서리를 돌면서 말씀드렸다.

"주님, 제게도 돈 좀 주시면 유익하게 쓸 수 있는데요…."

"네게는 '기도'라는 천국 선물을 주었잖니?"

갑자기 하늘에서 음성이 들려왔다.

아파트 모퉁이를 돌다가 이 음성을 듣고 감격했다. 나는 이렇게 최고의 선물을 가지고 다니며 교인들에게 쓰고 있다는 것을 몰랐다. 나도 최고의 선물을 받은 날이었다.

아! 나는 각 집에 가서 상담해 주고 예배를 드리고 기도해 주는 것이 세상에서 돈으로 살 수 없는 하늘의 선물이라는 것을 그때 처음 새삼스럽게 깨달았다. 기쁨으로 권사님 댁에 가서 찬송을 함께 부르고 간절히 우리 하나님께 기도드렸다. 귀하신 권사님이 어려운 중에 계시지만 천국을 바라보며 믿음 충만케 해 주시기를 간구드렸다.

그날 이후로 성경 찬송만 들고 심방을 가지만 큰 긍지를 가지고 하나님을 든든한 배경으로 하여 각 가정을 위하여 기도를 드렸다.

지금도 누군가를 위해 기도할 때면 나 혼자 하든지 그 사람과 같이 하든지 그분에게 제일 값비싼 선물을 드리는 줄 알고 긍지를 가진다.

그러나 기도의 부칙도 있다. 누구를 위해 돌보고 기도하든지 '종이컵' 방법을 쓴다.

주님이 그를 이동시키실 때는 놓아주고, 내가 붙들고 있을 때는 찌그러지지 않게 두 손으로 붙들어 준다. 내 팬을 만들지 않고 그의 뜻을 존중하여 기도해 준다. 이것은 리처드 포스터의 기도 책에서 배운 내용인데 이렇게 관계하면 인간관계가 찐득해지지 않아서 좋다. 내가 그에게 얼마나 투자했건 생각은 안 하게 된다. 아무리 멀어도 기도를 필요로 하는 교인 집에 가는 발걸음은 항상 날개를 단다. 택시비도 아깝지 않다.

예수님이세요?

"저 이 교회에 다니고 싶어요."

동부 이촌동에 살고 있던 낯선 여자 청년이 사무실에 와서 교회에 오고 싶다는 의사를 표현하고 그 주일날 예배에 와서 등록을 했다.

그러나 그다음 주일에는 예배에 오지 않아서 심방을 가도 되냐고 하니까, 집보다 카페에서 만났으면 좋겠다고 하여 교회 앞 레스토랑을 겸한 카페에서 만났다.

외국에서 음악 공부를 오래 했다고 했다. 한국에서는 명문 대학교를 졸업한 후 부모님의 과도한 지원을 받으며 유학을 했단다. 교회에서 반주 봉사를 할 수 있으면 좋겠다고 했다. 집에서는 부모님과 함께 있기에 심방은 어려움을 표했다.

갑자기 이분이 "전도사님, 나 술 좀 시켜서 먹어도 돼요?" 했다.

원하는 것을 시키라고 하니까 뭔가 시켰다. 얘기가 길어져서 나는 다음 약속 때문에 양해를 구하고 먼저 일어나서 술값까지 계산하고 나왔다. 심방 역사상 술을 사는 일은 이 일이 처음이자 마지막이었다.

그다음부터 이분과의 약속은 시간이 넉넉할 때만 했다.

그러나 나와 만날 때는 술은 더 이상 안 된다고 하고 전화도 저녁 8시 이

후는 사양하니 잘 지켜 주었다.

이분의 말씀을 계속 들어 보니 마음과 정신이 많이 아팠고 부모님으로부터도 어려운 말씀을 많이 듣고 걱정을 끼치는 상태였다. 진심으로 이분의 모든 말씀에 경청했다. 친구들 중에도 집안은 부요하지만 술로 지탱하는 분들도 있는 것 같았다. 계속 교제를 하다 보니 병원에 입원을 하지 않고 견디는 것이 나와 교제를 계속한 덕분인 것 같다고 말했다.

이렇게 애쓰고 있는 것이 안쓰러워서 이분을 위하여 기도를 많이 했다. 정성을 쏟아 만날 때마다 시간을 많이 사용했다.

그날도 카페에서 만나고 있는데 불쑥 물었다.

"혹시 예수님 아니세요?"

나는 극구 아니라고 하면서 이분의 시선이 안정되도록 속으로 기도했다.

몇 번 그렇게 물었다. 이분은 결국 가족들에게 인정받고 사회 활동도 할 만큼 건강을 되찾았다. 나도 천사 같은 분들을 수없이 만났지만 직접 이렇게 묻지는 못했다.

어머니 성경 공부

우리 교회에는 어머니 성가대가 운영되고 있었고, 어머니 성경 공부 프로그램도 있었다. 담임 목사님은 목회에 들어오시기 전 청주교대 음악 교수님이셨다. 또한 각 교단 음악가들이 찬송가협회 회원이었는데 우리 목사님이 성결교단을 대표한 음악 담당자셨다. 목사님은 동양의 파바로티로 불릴 정도로 테너 파트가 탁월하셨고 음반도 내셨다.

음악 교수님이셨기에 어머니 성가대 찬양 연습을 시키셨다. 어머니 성가대원을 이끄시고 일본 교회 순회 연주회도 하셨고, 찬송 녹음테이프도 서울 스튜디오에서 녹음하여 내셨다. 어머니 성가대에 찬양 연습을 시키신 이후 연이어 한국대학생선교회에서 나온 열 단계 성경 공부를 이미 진행하고 계셨다. 조금 후에 목사님은 나에게 이 성경 공부반을 담당하라고 넘겨주셨다.

나는 제자 훈련 코스를 제일 좋아했기에 이렇게 귀한 기회를 주신 목사님과 하나님께 감사했다. 나도 열심히 연구하고 함께 공부해 나갔다. 대부분의 성도는 예수님을 영접했으나 단계별 교육은 받을 기회가 없었던 터라 성심으로 공부를 따라왔다.

어느 권사님은 "전도사님! 나 혼자 읽을 때는 그 말씀이 내 성경에 없던데, 전도사님과 공부하니 전도사님 성경에는 그런 말씀이 있네요." 하면서 신앙이 불이 붙고 성장하기 시작했다. 나에게는 너무나 익숙하고 준비된 과정이었다.

열 단계 공부 이후에는 성경의 형성사, 우리에게 성경이 오기까지, 창세기부터 모세 오경을 연대기를 따라 공부했다. 출애굽기 이후는 성막 교재가 아직 없었기 때문에 복사본을 가지고 그분들이 직접 성경을 읽게 했다. 함께 공부할 때 성령이 함께하셔서 성경 보는 눈을 열어 주셨다. 하나님이 이미 준비하신 프로그램이었다. 이렇게 은혜가 넘치니 이 기쁨은 교회에 충성하고 하나님의 일에 열심히 하는 교회 부흥으로 이어졌다.

한강에 환상이 보이다

여전도회에서 교도소 방문 등 전도 활동을 많이 했는데 한번은 부녀보호소에 구제품과 헌금을 가지고 방문하게 되었다. 나에게 설교가 맡겨졌으나 무슨 말씀을 준비해야 할지 막막했다. 부녀보호소는 가출을 했거나, 정신이 아픈 분도 있고, 국가에서 정상적인 가정에 있을 수 없는 분들을 임시로 보호하고 있는 곳이었다. '설교를 어떻게 해야 하나?' 기도하며 한강맨션 아파트에 거주하는 신자 집에 심방을 가느라 한강을 바라보고 걷고 있었다.

갑자기 한강 위 전체가 스크린이 되어 강 가득히 채운 예수님 얼굴이 환상으로 나타나면서 요한복음이 확 펼쳐졌다.

요한이 기록한 그 예수님의 모습이었다.

발이 피곤하도록 새벽부터 정오까지 걸어서 삶에 지친 사마리아 여인을 뙤약볕에 찾아가 오랜 시간 이야기하시며 영원한 생수이신 메시아로서 만나 주신 예수님,

38년 동안 소망 없이 누워 있던 전신 마비 환자를 찾아가신 그 자비의 눈동자 예수님,

간음 중에 잡혀서 고개도 못 들고 돌 맞아 죽기를 기다리던 여인을 만나

주신 사랑 가득히 머금은 예수님,

나면서 앞 못 보던 시각 장애인을 만나 눈에 진흙을 이겨 발라 주시고 눈을 뜨게 하신 주님,

죽어 나흘이 된 나사로를 잃고 울고 있던 자매들을 만나 주시고 무덤을 찾아 시체를 살려 일으켜 주신 주 예수님,

예수님의 머리와 발에 향유를 붓던 여인을 바라보시며 변호하고 그 사랑을 기념해 주시던 예수님,

예수님 시체를 도둑맞았다고 울고 있는 막달라 마리아를 만나 주시던 부활의 주님의 긍휼과 자비와 사랑이 가득하신 그 얼굴이 한강 전체에 가득 채워졌다.

나는 입을 벌리고 감탄하며 요한이 만난 그 예수님의 놀라움을 금치 못했다.

자기 발로 찾아올 수 없는 형편에 있는 사람들을 친히 발품을 팔아서 일일이 찾아다니신 예수님의 모습으로 요한복음 전체를 나에게 이해시키셨다.

자기 발로 예수께 온 사람은 몇 제자와 밤에 은밀히 찾아온 조용한 니고데모뿐이었다.

그날은 나에게 요한복음이 열린 날이었다.

이것을 예수님을 전하라는 사인으로 이해하고 부녀보호소에 친히 찾아오신 예수님을 전했다. 함께 간 우리 여전도회 회원들도 거기 계시던 분들도 말씀을 전하는 나도 은혜를 많이 받았다.

말씀을 받는 그분들과 또 공무원들까지 모두 진정으로 예수님을 이해하고 받아들이는 것같이 은혜 가득한 날이었다.

한강 가득히 얼굴을 내밀어 보여 주신 예수님을 뵙고, 주님이 어렵고 힘

든 이들에게 손 내미는 것을 특히도 귀하게 생각하시는 것을 체험했다.

이렇게 여자 신도들과 성경 공부로, 전도 활동으로 큰 은혜를 경험하며 나는 주님을 배워 나갔다.

조용한 묵상 시간을 처음 훈련할 때 1년 내내 요한복음을 성경 가죽이 해어지고 종이가 다 닳아 빠지도록 읽어도 모르겠던, 그 예수님을 그날에서야 내게 열어 주신 주님을 찬양했다. 그 메마른 읽고 또 읽은 공부가 있었기에 오늘의 은혜가 내린 것이었다.

성경 내용을 다 꿰어도 이렇게 환하게 열린 적은 많지 않았다.

예수님을 더 알기 원함이 나의 소원이다.

5장

대학 청년부 사역으로
인도하시다

대학 청년부

• 회비

1청년은 30세 이상, 2청년은 30세 미만, 3청년은 대학부로 명칭하고 구분했다.

첫 번째 수련회에서 회계 보고를 받으니 일반 회원들은 회비를 냈으나 대부분의 임원이 회비 미납이었다. 가서 받아 오라 했더니 돈이 없단다. 할 수 없이 회비를 안 낸 임원들을 모았다. "지금 돈이 없다 하니 내가 다 대납을 하겠다. 교회 가서 모두 나에게 돈을 갚겠느냐?" 하니 모두 그러겠다고 하여 내가 꾸어 주었다.

그리고 일갈했다. "하나님의 집에 오면서 어찌 빈손으로 오나? 예수님 거 거저 파먹으러 왔나?" 그 이후 회비를 떼어먹는 임원은 없었다.

회비를 못 낸 새 회원은 내가 대신 내준 것을 반드시 본인에게 알려 주라 했다.

그 이후 재정 규칙을 정했다.

임원회와 친교를 위한 재정은 청년 회비에서 각출하여 충당했다.

교회에서 청년회 교육을 위하여 배정된 재정은 오직 공동 교육을 위해서만 썼다.

이렇게 하니, 청년회 조별 모임이나 임원회나 간식 준비도 풍성하고 깔끔한 공동체를 이루기 시작했다.

• 성경 공부

주로 토요일 저녁에 성경별 제자 훈련 등 주요 모임을 가졌다.

초기엔 한두 명이 와서 참석했다. 첫 수련회의 개회, 폐회 예배를 순서에 넣는 것을 위한 토론으로 하루 종일을 소비하기도 했지만 조금씩 성경과 기도의 중요성을 공유해 갔다.

처음 이들과 대면했을 때 나는 메뚜기 같고 청년들은 세상에 훈련된 거인 같았다. 도저히 내가 상대할 대상이 아닌 것 같았고 너무 부담스러웠다. 그러나 청년들은 한 발자국씩 복음 전선으로 넘어오기 시작했다.

임원들 훈련은 따로 시간을 떼어 냈다. 토요 모임 전이나 밤에 모여서 심화 성경 공부를 했다. 임원들은 모두 불평 한마디 없이 은혜를 사모하며 따라와 주었고 나중에는 성경 공부 교재도 만들 정도로 말씀에 젖어 들었다.

토요일에 특별 강사도 많이 초청했다.

브라질 원주민에게 선교하시는 김성준 선교사님, 귀납법적 성경 공부 인도자 최복순 사모님 등 여러 유수한 분이 오셔서 신앙 간증을 나눠 주셨다.

청년부 수련회

내가 경험한 예수님을 만나는 것을 목표로 여름 수련회를 야심 차게 기대하고 준비했다. 말씀을 준비하신 강사님도 뜨겁게 주님을 만났고 증거하시는 분이셨다.

장소는 우리 교회 권사님 고향 공주에서였다.

첫날 저녁 말씀이 끝나고 야심한 밤에 한 임원이 와서 큰일 났다고 했다.

회장이 군기를 잡는다고 좀 튀는 거구인 신입 회원과 밭에 나가서 맞짱을 뜨다가 쓰러졌다는 것이었다. 신입생 힘이 더 세니까 회장한테 한 펀치 날렸는데 급소를 친 것 같았다. 운동을 하지 않은 사람은 위험한 부위를 모르니 아무 데나 쳐서 사고가 난 것이었다.

방에 옮겨 와 보니 의식이 없다. 숨은 있는데 아무리 흔들어도 일어나지 않았다.

강사님이 오셔서 기도해 주시고 다들 기도하고 쉬라고 하셨다. 나는 뜬 눈으로, 누워 있는 회장 옆에서 기도하며 "주님, 생명이 필요하시면 저를 데려가 주시고 이 청년은 살려 주세요." 울부짖었다.

본 교회에 알릴 것인가 의논하다가 일단 내일 시내 병원에 데려가 보고 그 후에 사항을 알리기로 했다.

이튿날 택시를 그 먼 시내에서 불러 인사불성이 된 회장을 들어서 태우고 나는 그 옆에 앉아 비포장도로를 덜컹거리며 엉덩방아를 찧으며 달렸다. 한참을 가고 있는데 회장이 두 눈을 번쩍 떴다. 무슨 일이 있냐는 듯 부스스 눈을 떠서 이리저리 보았다. 그리고 말도 했다. 아픈 곳 없냐니까 괜찮다고 했다. 그래도 이왕 왔으니 병원에 가 보자고 했다. 의사는 아무 이상이 없다고 했다. "와, 주님! 감사합니다." 우리 모두 탄성을 질렀다.

그 수련회는 이 사건으로 완전히 하나님의 영이 주장을 하셨다. 강사님은 더욱 힘 있게 말씀을 전해 주셨고 청년들은 일치단결로 말씀을 경청하며 하나님께 모두 하나가 되어 나가고 성령 충만한 집회가 시작되었다. 그날부터 나는 금식으로 집회 전체를 마쳤다. 이제야 나는 겨우 눈을 떴다. 은혜를 받으려면 기도와 금식으로 마귀를 때려잡아야 한다는 것을 뒤늦게 호된 신고식을 치르고야 알았다. 이날 동부 이촌동에서 우리 청년들 곁에서 얼쩡거리던 대마귀는 꺾였다. 이후 은혜의 계절이 왔다.

그 이후 항상 내 목숨과 은혜를 바꾼다.

이렇게 남몰래 혼자 금식 기도로 준비한 수련회에 하나님은 한 번도 공수로 보내시지 않고 은혜를 퍼부어 주셨다.

수련회가 3박 4일이면 금식 기도 3박 4일을 교회에 근무하면서 준비했다. MT가 1박 2일이면 1박 2일 금식과 기도를 했다. 그리고 집회를 들어갈 때마다 내가 다시 살아서 걸어 나올 수 있을지 생각하며 목숨을 주님께 걸어 놓고 했다.

꼭 어머니들이 해산하려면 신발을 댓돌에 벗어 놓고, 이 신발을 다시 신을 수 있을지 걱정하며 생명을 걸고 아기를 낳는 것처럼…. 결국 나는 수없이 내 생명을 은혜로 돌려받았다. 감사한 것은 수련회를 할 때마다 청년들의 신앙이 쑥쑥 자라는 것이었다. 그리고 나보다 더 주님을 사랑하는 용맹을 발휘하는 것이었다. 졸린 눈을 비비며 밤 두 시에도 리더 훈련을 받으러 모이기도 했다.

항상 그 당시 최고의 장소, 최고의 식단 등으로 전국에서 새로 단장한 수양관은 우리가 다 섭렵했다. 한번은 임원 수련회를 동부 이촌동 한 가정을 통째로 빌려서 하게 되었는데 내가 꼭 모실 분이 중국에 가 계셨다. 설 명절 때문에 비행기 표가 없어 못 오신다는 것이었다. "아이고, 주님! 어떻게 합니까?" 간구하며 한 권사님께 딱한 사정을 말씀드렸다. 그 권사님이 어찌어찌하시더니 비행기 표를 구했다고 그분에게 어찌어찌 오면 된다고 하셨다. 와, 할렐루야! 그 권사님이 자초지종을 말씀하지 않으셔서 난 잘 모르나 주님은 이렇게도 역사하셨다. 그때 우리 임원들은 큰 은혜로 무장하게 되었다. 귀한 강사님을 모시고 임원들이 수고하니 특식을 대접하고 싶다고 했다. 배달은 전혀 하지 않는 식당을 단골로 다니시는 권사님이 1급 식사를 배달해 주셔서 강사님과 임원들도 흡족해했다. 주님 최고!!!

승용차가 있는 권사님의 무명 봉사도 교회 부흥에 큰 역할을 담당하였다. 갓 믿은 분이 이사했는데 동만 알고 번지수를 몰라도 운전해 주셨다. 길을 잘못 들었다 싶은데 어머나! 창문으로 그분이 내다보며 나와 딱 눈이 마주쳤다. 운전하신 권사님도 그 교인도 나도 놀랐다.

"전도사님이 가자고 하시는 곳엔 항상 하나님이 앞서가셔요. 길을 잘못 들었나 싶은데 지름길이더라구요." 그리고 "한 영혼을 찾아다니는 것은 참 귀해요" 하셨다.

오른손이 하는 봉사를 왼손이 모르게 하신 수많은 아름다운 수고로 교회는 부흥의 불길을 수놓았다. 나는 이분들의 수고를 일부러 광고하지 않았다.

저 천국에 가서 사람들이 깜짝 놀랄 정도로 주님이 이름을 불러 표창하며 상을 주실 것에 흠집을 내지 않으려고 나 혼자 두고두고 축복 기도를 했다.

우리 청년들이 나보다 믿음이 컸다.

안 보이는 회원이 있어서 "그 아이는 왜 안 보이니?" 하면 어떻게 해서라도 그 아이가 어디 있는지 알아냈다. "데려와라." 하면 얼마 후 그 아이는 교회에 와서 싱글싱글 웃으며 집회에 참석하곤 했다. 청년들끼리의 관계가 무섭게 끈끈했다. 당구장은 아지트다. 거기 가서 찾으면 와야 할 친구들은 다 만났다. 이런 친구들이 점점 누가 뭐라 하지 않건만 스스로 담배를 끊으려 씨름하였고, 하나님의 살아 계심을 체험하면서 정리를 했다.

술을 먹는 친구에게 한 번도 술을 해결하라고 해 본 일이 없었다. 주님과 친해지면 다 알아서 멀리하고 말끔한 모습으로 변해 가고 있었다.

새벽이슬 같은 주의 청년들이 되어 갔다.

나중엔 당구장 주인아주머니도 교인이 되셨다.

농업진흥관에서

우리나라 농업 발전을 위해 어떤 분이 기증하신 부지에 농업진흥관이 있었고 주일날은 대부분 비어 있었다. 농촌 지도자 세미나 등을 하는데 프로그램이 빈번하지는 않았다.

우리 교회가 건축된 지 오래되어 누수도 많고, 또 땅을 사서 건축하자니 비용이 따르지 못하니 모두에게 적당한 결정으로 재건축을 하기로 합의되었다. 대관하여 예배를 드릴 장소로는 농업진흥관이 지리적으로나 경비로나 딱 맞아서 이곳을 대관하여 예배를 드리기로 결정이 났다. 그런데 알고 보니 공예배 사용 경비만 계약하였다. 새벽 예배는 포함되지 않았다. 나는 앞이 캄캄했다. 교회 건축을 힘쓰면서 새벽 예배, 기도가 없이 어찌 성령의 도우심을 교인들이 받을 수 있을까? 토요일 청년 성경 공부 모임은 또 어디서 해야 할지 참으로 의아하고 난감했다.

청년들과 이 일에 대해서 의논하니, 우리가 이 건물 청소를 하며 관리인에게 양해를 구해 보자고 의견이 모였다. 대관 첫 주일부터 우리 청년들은 찌들고 덕지덕지 묻은 때를 벗기고 씻고 걸레질하며 윤이 나도록 청소를 열심히 했다. 관리인은 중국에서 오신 조선인이셨는데 너무너무 좋아하셨다. 예를 갖추어서 우리가 새벽에 기도회로 좀 사용해도 되겠냐고 여쭈었더니 흔쾌히 쓰라고 하셨다. 그래서 대관 내내 우리는 새벽 예배를 드리면서 교회 재건축 준비를 했다.

청년들은 토요일에 모여 모든 공부와 친교 예배를 하는데 이것도 문제였다. 토요일에 우리가 사용하는 경비를 드리겠노라 하니, 그냥 쓰라고 하셨다. 건물은 점점 깨끗해졌다. 농업 관계자들이 사용하고 나면 그 청소도 우리가 도맡아 했다. 그곳에는 침실도 다 준비되어 있었는데 우리가 사용해도 좋다고 하여 엠티, 임원 수련회 등을 숙박을 하며 편하게 할 수 있었다.

우리 교회가 다 건축되어 입당 예배를 드릴 때 농업진흥관을 관리하시던 분은 새 마이크 대를 구입하여 헌납해 주셨다. 우리가 늘 마이크 대를 빌리러 다녔으니까 안타까이 생각하신 것 같았다. 그곳에 청소를 맡으신 여자분에게도 복음을 전하여 우리 모두는 한 식구같이 친하게 지냈다. 담임 목사님도 이 관리인에게 개인적으로 복음도 전하시며 잘 대해 주셨다.

금요일 철야 기도회는 삼각산으로 갔다. 교회 중형차를 타고 갔는데, 도착하고는 모두 방석 하나씩 갖고 흩어져서 하나님께 실컷 기도했다. 나는 추위를 많이 타니까 큰 방석을 두 개 가지고 가서 하나는 바위에 깔고 하나는 덮고 엎드려 기도했다. 어떤 청년이 그 모습을 보고 "앗, 햄버거!" 하여서 한바탕 웃었다. 그 청년은 훌륭한 만화가로 성장했다.

어른들은 이 금요 철야 기도회에 한 번 오면 또 안 온다. 너무 춥고 힘들어서인 것 같았다. 그러나 우리 청년들은 천하무적이었다. 주님을 사랑하고 사랑하니까.

한번은 강릉에 다녀올 일이 있었는데 이 새벽 기도회에 꼭 참석해야 한다고 하니 그곳에 있는 후배가 밤새도록 달려서 결국은 하루도 새벽 기도회에 빠지지 않을 수 있었다. 교회 건물이 재건축되면 교인들의 믿음도 배가되도록 기도했다.

1997년 우리 교회 재건축이 시작되자마자 우리나라 IMF가 터졌다. 아이고! 건축하던 많은 다른 교회가 그 당시 은행 건물이 되고 말았다. 그러나 우리 교회는 건축 재정 모금을 2차까지 실행하여 모든 경비를 현금으로 지급했다. 또 이 일을 총괄하시는 장로님도 아주 저렴하게 참여하셔서 빚은 한 푼도 안 졌다. 새로 교회 뼈대가 완성되고 마무리 단계에서는 청년들이 지킴이를 도맡아 했다. 교회에서는 철야를 하시는 분들을 위해 새 이부자리도 마련해 주셨다. 할렐루야!

청년들은 교회 입당 기념으로 재정을 모아서 커피 자판기를 헌납했다. 남녀 전도회 어른들 모임도 있었지만 그 당시 삼백만 원이 넘는 금액의 기물을 헌납한 기관은 없었다. 여자 청년들은 "나는 우리 교회 권사님이 될 거야!" 하며 모두가 우리 교회에서 늙기까지 주님을 섬기리라 입버릇처럼 말하며 가슴에 꿈을 품으며 자라났다.

체육 대회 때 청년들은 부지깽이도 뛸 판으로 뛰고 또 뛰어서, 첫 체육 대회는 준비하고 진행한 청년들이나 참여한 어린이들 어른들이 모두가 기쁨의 한 마당이었다. 한 치의 오차도 없이 청년들은 기도와 사랑으로 재치를 더했다.

첫 등산 예배를 믿음의 동산으로 가면서 몇 번씩이나 답사를 하여 이동 경로를 탐사하고 예배 시설들을 준비하는 선행 연습을 하여 청년들의 짐꾼 역할은 서로를 기쁘게 하였다.
마무리 또한 만만치 않은데 워낙 주님의 부으시는 은혜가 커서 '형제가 연합하여 동거하는 일의 아름다움'을 맛보며 환희의 추억으로 남았다.

Jesus Car

심방이나 여러 가지 필요가 있을 때마다 교회는 승합차 사용을 흔쾌히 허락해 주셨다. 그러나 한계가 있었다. 청년회 임원들은 교회가 필요로 할 때마다 운전 봉사를 할 수 있도록 권면을 해서 운전면허 시험 붐이 일었다. 어떤 청년은 1종을 따야 하니까 열몇 번째에 합격을 했다. 그 친구는 기계 와는 거리가 멀었으나 교회 봉사라면 물불 안 가리는 친구이기에 그 일이 가능했다. 지금 생각해도 미안하다. 꼭 합격해야 한다고 나도 한몫 단단히 거들었으니까. 연수가 부족해도 청년들이 운전한다면 교회 어른들과 목사 님은 무조건 믿고 차를 맡겨 주셨다.

교회 건축 동안에도 새벽 기도에 참석해야 하니까 나부터 문제가 생겼 다. 나는 그 당시 광명시에서 버스로 출퇴근을 할 때였으니까 참으로 난감 했다. 음악 목사님 아시는 분 중에 차와 관계된 분이 계셔서 교회 사무실을 통해 빌린 십만 원으로 계약금을 치르고 할부로 그 당시 막 나온 자색 소형 차 '티코'를 구입했다. 그리고 부랴부랴 운전을 배웠다.

새벽에 택시를 타고 교회에 와서 예배를 드리고 버스로 광명시에 가서 운전을 배우고 또 교회로 출근하고를 반복했다. 첫 번째 시험은 미끄러지 고 두 번 만에 합격하여 감격의 국가 면허증을 손에 받았다. 얼떨 장군이 그 장거리를 새벽에 운전하여 오려니 아득하였다. 하는 수 없이 큰조카에게 양해를 구하고 나를 새벽 4시에 교회에 데려다주고 하루 종일 네 마음껏 쓰라 하니 합의가 되었다. 그 새벽에 눈 비비고 나의 새벽 기도를 섬겨준 조카에게 지금도 고마운 마음이 크다. 그러나 불법 주차 딱지는 사양인데 어찌도 자주 날아오는지 아무리 부탁을 해도 여전했다. 그래도 밤에 주차를 못 해서 불러내면 군소리 없이 나와서 해 주곤 하는 주님을 사랑하는 착한 조카였다.

점점 이 티코는 청년들의 발이 되었다. 답사를 간다거나 늦게 모임이 끝나서 버스가 끊기면 이 차가 서비스를 한다. 그래서 'Jesus Car'라고 이름을 불렀다. 여러모로 요긴하게 쓰이고 일일이 교회에 보고를 안 해도 되니 좋았다. 티코는 점점 발전해서 마티즈로 업그레이드가 되었고 내가 은퇴할 때는 모닝으로 진화했다. 물론 할부이지만 모두 주님 담부이며, 또 성도들의 손 사랑도 묻었다.

농업진흥관 때는 새벽 기도와 공예배 참석을 청년 임원들에게 의무화했는데 강제를 하지 않아도 당연히 참석하여 교회에 큰 보탬을 했다. 나는 누가 참석하여 은혜를 받나 눈여겨보며 격려를 하곤 했다. 새벽에 오기 힘들어하는 친구들은 아예 잠을 자지 않고 새벽 기도회로 왔다.

첫 선교사 배출

청년들은 행정 담당 임원회, 영성 조별 리더로 구분하여 청년회를 이끌었다. 리더들은 아침 큐티 자료를 만들 정도로 성장해 갔다. 점점 나의 일은 청년들이 덜어 갔다. 수련회와 모임을 앞두고 금식 기도를 하는 일도 자원해서 가져가고 담당자를 구성하여 영성 훈련을 더해 갔다.

이 중에 선교사 지원자가 첫 번째로 나왔다. 이 청년은 중학교 2학년 때 미션 스쿨인 학교에서 나눠 준 '기드온 협회'에서 나온 성경을 읽다가 거듭나서 학교에서 집 가까운 교회에 출석하라는 권면을 받고 우리 교회에 등록했다.

내가 부임해서 대학부와 주일 학교 교사 명단에 보니 이름은 있는데 사람은 안 보였다. 학생들에게 얘는 누구냐고 묻고 전화하겠다고 하니, 학생들 말이 "전도사님, 걔네 집에 전화하시면 큰일 나요. 어머니가 40년 불교 신도라서 아주 반대하시고 혼나요."라고 했다. 그러나 전화했더니 흔쾌히 교회에 나오겠다고 했다.

이 학생은 대학교 1학년 때부터 정기적으로 교회에 출석하며 성경 공부를 시작했다. 신앙생활이 무엇인지 알아 가며 임원을 거치고 리더 훈련을 받으며 착실하게 성장했다. 가정이 부요하고 풍요했으나 하루아침에 부모님 사업이 무너지자 집안 경제를 책임지고 직장 생활을 했는데, 결국 온 집

안이 다 구원받고 교회의 일꾼으로 성장하는 은혜가 가정에 임했다. 불교 신자였던 어머니는 거듭나셔서 권사님이 되셨다. 나는 단벌 숙녀인데 부흥회 때 집에 못 가고 교회에서 지내니 땀에 전 내 옷을 밤에 세탁하여 말려다 주시고, 아침도 만들어서 가져다주셨다. 딸의 선교를 위해 기도하며 어린이 전도에도 힘쓰셔서 나이가 많으심에도 어린이 교회 학교 부장도 맡으시며 주님을 섬기셨다. 아버지는 부인이 새벽 기도에 오신 중에, 혼자 집에서 기도하시다가 방언을 받으시고 뜨거워서 붕붕 뜨시며 회개 기도를 하시고 충실한 하나님의 아들이 되셨다.

바로 그 청년의 이름은 이미화였다.

그녀는 대학부 임원 시절에 우리나라 최초 해외 선교사이신 김성준 선교사님(브라질 원주민 사역)을 강사로 모셨을 때 오가는 일을 섬기면서, 주님의 전도자가 되는 일의 귀중함을 알고, 여러 사람을 통해서 많은 도전을 받은 것 같다. 드디어 직장에서도 삶이 안정되고 승승장구할 때 주님께 헌신하여 '전문인 선교사'로 갈 결정을 하였다. 직장에서는 처음에는 못내 아쉬워하고 간곡히 붙들었으나, 나중에는 오히려 선교 후원자들이 되어 축복하고 사랑을 주었다. 지엠피에서 훈련을 마치고 이름도 못 들어 본 빈곤의 나라 '알바니아'로 가기로 결정했다.

교회에서는 재정 부담을 주저하던 차에 사업하시는 장로님 한 분이 전적으로 재정 지원을 약속하셨다. 교회 창립 이래 최초로 단독으로 선교사 파송을 하게 된 것이었다.

우리 교회에서 몸도 지정의도 자라고 인격도 함양하고 신앙 양육도 받아 뿌리가 깊고 견고할 뿐 아니라 지도자로 우뚝 세워져서 세계 선교로 나가게 되었으니, 영광스러웠으나 나는 참으로 얼떨떨했다. 그 고생을 자원해 준 자매로 인해 주님 앞에서 감격할 뿐이었다. 청년들의 뜨거운 사랑과 저력 있는 성도들의 기도와 사랑이 열매로 나타난 것이었다. 그 수많은 세월 동안 교회가 주님의 전도 기관으로 세워졌으나 세계 선교를 향해 우리 교회가 파송한 선교사는 이미화 선교사가 최초였다.

이 선교사는 알지도 못하는 기후와 무슬림 국가에 가서 문화 적응과 여러 가지 고생을 뼈를 저리게 하면서도, 그 나라 수도에서 벗어나 오지로 들어가 전도하고 리더를 만들고 교회를 세워서 깊은 산지까지 개척을 했다. 우리 청년들은 계속 힘껏 후원했다. 물품으로, 진한 기도와 사랑으로 지원은 계속되었다. 그곳 선교사들 간에 '소포의 여왕'이라고 소문날 정도로 교인들과 청년들이 모든 물품으로 섬겼다. 많은 소포 물품이 탈취당하는 때인데 우리가 보낸 은혜 보따리는 딱 하나만 잃어버리고 모두 그곳에 도착하여 소중한 복음 도구로 사용되었다.

오지에 있는 중고등학교에서 영어 교사로 섬기며, 학교에서 나오는 모든 월급은 낙후된 학교 보수로 쓰도록 돌려드려서 교장 선생님과 동네 학부형들이 감동을 받았다. 유리창이 깨진 채 공부하던 학생들이 안전한 교실에서 공부할 수 있었다. 학생들은 영어 과목이 우수해지니까 다른 공부도 함께 성장했다. 나중에 우리나라 서울대학교에 해당하는 티라나대학교에 상당수가 입학하여 알바니아의 지도자급 위치로 취업하며 뻗어 나갔다. 그곳 여름 성경 학교에는 어린이들로 차고 넘쳤다. 선교사로 오신 각국 선교사들과 협력하며 그 인근의 어린이들은 거의 다 이 어린이 교회에 출석하며 복음과 문화를 접하게 되었다. 건너 산지의 청년들은 산 넘고 물 건너 영어를 배우러 와서 자연히 주님을 영접하여 청년 지도자들로 성장해 갔다.

개척된 교회의 지도자로 세워진 전도사 가정이 그 마을의 첫 믿음 가정이었다. 모진 무슬림들의 나라에서 전도하고 또 전도하며 그 마을에는 예수님을 전하는 견고한 진지가 만들어졌다. 여성 혼자 몸으로 얼마나 긴장하고 지냈던지 지금도 가끔 자다가 소리를 지르곤 한다. 안식년에 한국에 오면 옷은 그곳에 다 나누어 주고, 집시 시장에서 몇 푼 주고 사 입은 옷은 도저히 우리 교회 공예배 자리에 참석하기 민망할 정도였다. 그러나 전혀 아랑곳하지 않고 선교지 사람들 밑바닥에서 그들을 섬기는 모습은 참 귀했다.

지금도 그때 너무도 고생을 많이 하여 몸은 비록 종합 병원이 되었어도 영혼들을 귀히 여기고, 특히 가난하고 소외된 영혼들을 섬김은 성령의 역사하심 그 자체이다.

단기 선교사

청년들은 무섭도록 믿음이 성장하였다. 힘도 실어 줄 겸 해서 알바니아의 선배가 수고하는 곳에 몇몇 청년을 단기 선교를 보내기로 했다.

선교 훈련도 시키고 여러 가지 준비를 하게 했다.

그러나 교회의 허락을 얻기가 쉽지 않았다. 이것도 우리 교회 역사상 처음 있는 일이었기에 선뜻 밀어주지 못하셨다. 기도하고 또 말씀을 드리고 그렇게 세 번이나 했다. 단기 선교 팀원은 집에서 다 애지중지하는 교회 중직들의 자녀들이었다. 일체 교회와 집의 도움을 구하지 않고 자비량으로 경비를 준비했다.

결국 목사님이 승낙하셨으나 모든 책임은 나와 우리 청년들 몫이라고 다짐을 주셨다.

알바니아 단기 선교 팀은 경비를 아끼기 위해 비행기를 6번이나 갈아타야 했고, 공항에서 잠깐씩 눈을 붙이는 등 최소의 이동 경비 계획을 세웠다. 선교지에 필요한 선교 물품들을 분담하여 가져가기에 각자의 짐은 최소화했다. 준비 기도회를 참 많이 했다.

우리 팀은 그곳에 가서 흩어져 민박을 하며 그 가정에 예수님 향기를 나타냈다. 음식이 도저히 안 받는 친구들도 서로 도와 웃으며 감사히 먹고 시원치 않은 잠자리를 즐거워해야 했다. 여름 성경 학교 등을 훌륭히 수행하여 선교지 교회 부흥에 크게 이바지하고 돌아왔다. 이런 단기 선교를 몇 번

다녀왔는데 여기에 참여한 청년들은 신앙의 차원을 높이 하며 확실한 발전을 거듭했다.

마지막 단기 선교를 간 형제는 아직 술 담배 문제도 깔끔하지 않았지만 이제 막 운전면허에 합격해서 운전 봉사에 보탬이 될 것 같아 보냈다. 그런데 큰일이 터졌다. 알바니아에 전쟁이 발발한 것이다. 그곳은 수도 티라나에서 멀리 떨어진 곳이라 수도까지라도 와야 하는데 온 나라가 총을 들고 위험이 들끓는 환경이었다.

이곳에서 보내 준 성냥이 마침 있어서 그것으로 불을 만들어 식사 연명을 하며 티라나까지 이동하는데 긴 총기를 들이대는 수없는 검문을 어찌어찌 통과하여 단기 선교생과 수도에 닿았다. 우리나라 방송에서는 몇 선교사님이 출국해야 하는데 육해공이 다 끊어진 상태라고 안타까운 소식만 보도했다.

단기 선교생의 아버지가 멀리서부터 교회로 찾아오셨다. 우리 막내아들 좀 살려서 귀국할 수 있게 해 달라고 거의 매일 오다시피 하셨다. 나는 그때 막 건축을 마쳐 가는 교회에서 강단까지 이불을 끌고 가서 밤이면 주님께 매달렸다.

"주님, 이 단기 선교생을 살려 보내 주세요. 선교사는 목숨을 내놓아서 주님 나라에 가도 할 말이 없지만, 이 친구는 꼭 보내 주세요. 믿지 않는 아버님을 봐서라도요."

이렇게 간구했다. 그 겨울은 어찌나 춥던지 강단 앞에서 이불을 뒤집어쓰고도 덜덜 떨리는 추위였으나 그것이 문제겠는가? 몇 번의 죽음의 고비 중 이때도 애간장이 새까맣게 녹았다. 청년 하나는 전화기 옆에서 자도록 했다. 혹시 전쟁터에서 전화가 오면 받아야 하니까, 그 청년도 못 자고 나도 못 자며 삶이 녹아내리는 시간이었다.

얼마 후 주님이 이 애간장 타는 기도를 듣고 응답해 주셨다. 우리 대사관에서 미국 공군에 부탁하여 미국 공군기로 우리 남은 선교사님들을 이탈리아로 이송한다는 보도가 나왔다. 우리 팀과 선교사님 일행이 무사히 알바니아 전쟁터를 탈출해서 로마에서 고국으로 오는 비행기를 탈 수 있었다. "아이구, 주님! 우리 선교사님과 단기 선교 청년을 살려 주셔서 감사합니다." 결국은 나도 목숨을 덤으로 얻었다. 지금 생각해도 힘들고 힘든 여정이었다.

그렇게 자주 오셔서 우리 아들 살려 달라고 하신 아버님은 결국은 예수님을 믿고 우리 교회에서 신앙 고백을 하시고 세례를 받으신 후 아주 충실하게 그 먼 길을 오셔서 예배를 드리는 생활을 하시다가 지금은 하나님 나라에 계신다. 이 청년의 어머니 말씀이 우리 남편이 어떻게 교회를 한 번도 안 빠지고 와서 예배를 드리는 믿음이 되었는지 알 수 없다고 하셨다. 남편이 세례를 받을 때도 이 사람은 아직 세례를 받을 믿음이 아니라고 반대하셨는데, 본인이 먼저 세례를 받겠다고 하셔서 예수님을 주님과 구세주로 모시게 되었다.

이때 살아 나온 청년은 결국은 알바니아 선교사로 부르심을 받아 신학대학 대학원과 우수한 선교 기관에서 선교 훈련을 받고, 준비된 자매와 결혼하여 튼튼한 선교 버팀목으로 바통을 이어받았다.

예상을 뒤엎는 일도 많았다.
그러나 그들은 부르심을 따라갔다. 음악 목사가 된 청년도 있고, 두바이에 가서 선교사로 교수로 섬기는 청년도 있다. 하나님의 계획은 참 다양하다.

목회자로 전도자로

청년들의 믿음이 날로달로 성숙해지면서 목회자로 헌신하여 신학교에 가는 학생이 여럿 있게 되었다. 이들이 하나가 되어서 찬양을 인도하며 모임을 이끌 때는 불을 내뿜는 것처럼 뜨거웠다.

이젠 청년부 설교도 이들이 하고 성경 공부 인도도 출중하게 했다.

개인 경건의 시간에는 혼자서도 찬양하고 기도하고 성경 말씀으로 하나님과 교제하는 일은 반드시 지켜 나갔다. 이들은 나보다 주님을 더 가까이 하는 제자들로 자리매김해 나가고 있었다.

청년들이 설교를 하면 내가 큰 은혜를 받았다.

"하나님이 말씀하시기를 말세에 내가 내 영을 모든 육체에 부어 주리니
너희의 자녀들은 예언할 것이요,
너희의 젊은이들은 환상을 보고
너희의 늙은이들은 꿈을 꾸리라." (행 2:17)

이 말씀을 본문으로 설교하면서 청년들은 환상을 보는 것을 알 수 있었다. 나는 이 일들을 위해 꿈을 꾸는 자리로 나아가고 있었다. 하나님의 나라가 온 세상에 이루어지기 위해 그들이 무엇을 해야 하는지, 흥분하고 기쁨을 이기지 못해 하는 모습을 볼 수 있었다. 이들은 이렇게 직장에서 전국 최우수 사원으로 주님의 이름을 높이 하고 대학에서는 자기 전공과목도 가르치지만 예수님의 청년들을 만들기 위해 시간과 정성을 들여 수고하는 주님의 신실한 종들로 살아갔다. 교회의 모든 청년이 다 이렇게 성령 충만한 것은 아니었다. 여전히 자기 길을 가는 친구들도 늘 모임에 참석하고 친교와 우애를 나누고 있었다. 때가 되면 이들도 그 진가를 알게 되고 주님을 섬기리라.

교회 커플도 여럿 탄생했다. 임원끼리 교제하게 되면 임원회에 공개하여 교제하도록 했다. 교회 밖 사람들과 교제하게 되면 토요 모임에서 약속 시간을 빼 주기도 하며 서로의 데이트를 격려했다. 대학 공부도 형들이 아우들을 밤늦도록 돌봐 주기도 했다. 수많은 과외 교사가 있어도 방황하던 아이들이 학문에 눈이 뜨여 정진하는 경우도 있고, 미디어에 밝은 형들은 동생들과 공유하여 신문화를 경험하며 이 모두를 교회 봉사에 아낌없이 드리는 형제자매들이 되어 갔다. 드럼을 배우려는 형제들은 학원에도 보내 주면서 섬겼다. 의대에 다니는 선배는 후배들이 아픈 부분의 상처에서 벗어나도록 도우며 청년들이 교회를 가정보다 더 의지하는 보금자리로 구성했다.

어려움도 만만치 않았다. 결혼까지 갈 것처럼 가깝게 교제하다가 헤어지면 상처는 아주 컸다.

눈을 돌려 여행하며 아픈 곳이 아물도록 협력해 주고, 때로는 겨울 바다를 여행하며 같이 외로워하고 같이 우울의 터널을 통과하기도 했다. 내 협력을 뒤늦게 아는 청년들은 보이지 않게 나를 도왔다. 이렇듯 모두가 탄탄대로를 걷는 것은 아니나 이들을 꼭 붙잡고 갔다.

알바니아의 선교사는 해외 팀 안식의 교두보 역할을 많이 했다.

해외에 나가는 일이 있으면 그곳에 들러 사랑의 교제를 나누며 모두가 한 방향으로 예수님을 바라보게 했기 때문이다.

어느 청년의 어머니가 "우리 교회 청년부에는 꿀단지가 있나 봐요. 우리 애는 지방 대학에서 집보다 교회에 가는 것을 더 좋아하는 것 같아요." 하셨다.

심방

어떤 때는 교인의 요청으로 심방을 갈 때도 있지만, 대부분은 교회가 요구해서 간다. 그러나 때로는 갑자기 그 가정에 방문하고 싶어서 이끌리듯 심방을 갈 때도 있다.

해외에 사는 내 친구가 갑자기 우리나라로 들어왔다. 여동생 남편이 별세해서 문상차 왔다는 이야기를 들었다. 그 여동생은 나와 안면은 있으나 친교는 없었다. 전화번호와 주소만 받아 놓고 추모할 때가 된 것 같아서 꽃을 구입하여 방문했는데 부재중이었다. 아파트 문고리에 꽃을 걸어 놓고 카드에 메모해 놓고 오면서 전화했다. 꽃을 걸어 놓았으니 추모에 쓰라고 했다.

여러 날 후, 그 여동생이 전화해 왔다. 내가 전화했던 날 사실은 한강 쪽에 있었는데 자살을 생각하며 가고 있었다는 것이었다. 남편 작고 후 일을 했으나 돈이 벌리는 것이 아니고 감당할 수 없이 빚이 불어나서 죽는 길을 택했다는 것이었다. 그러나 전화를 받고 정신이 들어서 집에 왔노라고 하는 것이었다. 그날은 하나님이 그 목숨을 살리려고 갑자기 나를 보내신 것이었다.

그러나 다시 살아 보려고 이 일 저 일을 했지만 재정이 풀리지 않았다.

어느 날은 가 보니 도시가스, 전기, 수도가 다 끊긴 상태였다. 우선 애들하고 기본 생활은 해야 하니까 내가 카드 할부로 납부해 주고 겨우 위기는 면하게 해 주었다. 나는 그 일을 잊어버렸다. 그러나 그 가정에서는 두고두고 고마움을 표했다. 그 돈이 내 돈이면 나에게 고맙겠지만 나는 돈 버는 사람이 아니니 오직 하나님께 감사해야 한다고 말해 주었다.

이 가정의 자녀들은 고생길을 벗어나 사회의 중요 일원들이 되었고 내 친구 여동생은 이제 남을 많이 도와주는 하나님의 손길로 살아간다.

"눈물을 흘리며 씨를 뿌리는 자는 기쁨으로 단을 거두리로다."
(시 126:5)

이렇듯 심방은 말씀과 기도를 중심으로 하지만, 내 인생의 진액을 짜서 사랑 한 방울을 만들어야 하는 일도 있다.

엘리야는 3년 가뭄으로 사렙다 모자를 먹여 살리려고 심방을 했지만, 오히려 그 가정이 먼저 자기들의 한 끼밖에 없는 양식으로 선지자를 섬기는 과제를 받았다. 이를 성심으로 수행한 이 과부는 3년 내내 굶어 죽는 가정이 많았건만 양식이 늘 공급되었다. 급기야 아들이 죽음에 이르렀으나 엘리야의 간구로 이 아들을 부활로 받을 수 있었던 신실한 공궤였다. 이런 사랑 한 방울을 하나님은 결코 잊지 않으시고 두고두고 상을 주신다.

전도사 시절 명절 때마다 교회에서 준비해 준 떡값을 가지고 재정적으로 어려운 가정에 일일이 방문하여 위로했다. 성탄절에는 케이크를 사서 가정마다 배달했는데 이때가 제일 기뻤다. 그러나 크리스마스에는 교통량이 많으니까 고생도 이만저만이 아니었다. 밤이 되기 전에 다 전달해야 하니 참 바쁜 일정이었다.

멀리 심방을 갈 때마다 함께해 준 집사님이 있었다. 어느 날은 선교사님이 비우고 간 조립식 집에 가 봐야 할 것 같아서 집사님 내외분을 졸라서 함께 갔다. 집 문을 열고 보니 뜨거운 열기가 확 뿜어 나온다. 집에 있는 초가 다 녹아내리고 있었다. 남자 집사님이 뛰어 들어가더니 난방 스위치를 닫았다. 누가 들어와서 겨울이니까 난방 스위치를 켜 놓고 끄지 않고 퇴실하여 과열이 된 것이었다. 그날 그 시간에 가지 않았으면 그 집은 전소될 뻔했다. 여기저기 근본적인 차단을 하여 위험을 막을 수 있었다. 선교사님께 임시로 빌려준 건물이었는데 잘못되었으면 생각만 해도 아찔하다. 주님이 "가 봐라." 하시면 무조건 가는 편이었다. 여러 번의 경험을 통해 순종이 최고임을 입증해 주셨기 때문이다.

　어느 어버이날 늦도록 교회 일이 많아서 밤 두 시에 퇴근하려니 아뿔싸! 우리 어머니께 드릴 '카네이션'을 못 샀다. 그 당시 24시간 영업하는 곳이 강남 킴스클럽이기에 허둥허둥 들러서 겨우겨우 샀다. 이렇듯 명절에는 우리 집 떡 살 겨를도 없고 어버이날에는 그 흔한 꽃 한 송이 구입할 틈도 없이 동분서주하는 것이 내 심방 일상이었다.

　그래도 송구영신 예배가 끝나고, 다 집에 보낸 후 그 많은 성찬기와 잔을 정성껏 닦을 때는 내가 싱글인 것조차 고마웠다. 다 끝내고 나면 새벽 4시가 되었다. 혼자 새해 첫날 첫 새벽 예배를 드리고 한강 다리를 지나며 떠오르는 태양을 보면 나 혼자만을 위해 해가 두둥 떠오르며 격려하는 것 같아 너무너무 감사한 시간이었다.

　부활절 전날은 참 분주했다. 교인들과 함께 계란을 준비하고 나면 한밤중이었다. 새벽 예배를 위한 양초를 준비하여 자리마다 놓을 때는 감격이다. 부활의 새벽에 울고 있는 마리아를 생각하며 내가 마리아가 된 듯 기뻐서 피곤도 사라지고 주님의 부활하심을 기념하는 벅찬 감동이 내 가슴 가득히 밀려왔다.

목회자가 다 같이 어느 가정에 심방을 갈 때도 있는데 신임 전도사가 잘 못하면 목사님이 꾸중을 하실 때도 있었다. 여러 사람 앞에서 망신을 당하니 입을 뿌루퉁 내밀고 있다. 그럼 내가 나서야 했다. 우스갯소리를 하면 다 같이 웃었다. 그 사람도 웃었다. 나중에 목사님이 말씀하셨다. 꾸중을 들어도 그 자리에서 풀어야 한다고. 다음 가정 심방을 할 때 주님 인도받는데 방해되지 않도록 해야 한다고 하시며 또 어루만지셨다. 우리는 이렇게 주님의 식구들을 섬겼다.

선숙아! 너!

목회를 하면서 나는 주님께 여러 번 꾸중을 호되게 들었다.

추운 겨울에 늦게까지 일을 하고 퇴근하려고 버스 정류장에 왔다. 그날따라 버스가 오래도록 안 오니 발은 얼음덩어리가 되는 것 같고 몹시 추워서 발을 동동 구르고 있는데 저 멀리 내가 타야 하는 버스가 왔다. 승차 준비를 하면서 반가워했는데, 정류장에 서는 척을 하다가 그냥 쌩 가 버린다. 오, 주여!

나는 화가 머리끝까지 치밀었다. 힘이 있다면 막 뛰어가서 운전기사 멱살이라도 잡고 싶고, 버스 뒷바퀴에 펑크라도 내고 싶었다. 성질을 있는 대로 내면서 씩씩거리고 있는데 주님이 말씀하시는 것 같았다.

"야, 선숙아! 너!
네가 전도사냐? 힘이 있으면 운전기사를 죽이기라도 하겠구나. 너 참 악하다."
하시는 것 아닌가. 나의 이 모습이 주님 음성으로 인해 객관적으로 보였다. 가관이다. 정말 나는 사람 여럿을 죽일 힘으로 속상해하고 있었던 것이다. 전도사라는 것이 너무도 부끄러웠고 성질 하나 못 죽이고 하나님께 치대는 내 모습에 기가 막혔다.
얼른 주님께 고개 숙여 자백했다.

"주님, 제가 전도사는커녕 사람 안 죽이면 다행이겠습니다. 화낸 것 잘못했습니다. 보혈의 피로 씻어 주세요." 보는 사람이 없는데도 얼굴이 화끈 달아오르며 회개 기도를 했다. 얼마 후 버스가 또 왔다. 염치없이 올라타고 운전기사님을 보니 그는 아무 죄도 없고 죄는 나에게만 있었다. 그때 절절히 깨달았다. 천국에 들어가는 순간까지 까치발을 들고 조심하지 않으면 이 원죄는 올라와서 나를 망치고 주님의 일을 그르치겠구나.

그래서 사도 베드로는 **베드로전서 2장 1절**에서 시련 중에 고통을 통과하는 형제자매들을 권면했다.

> **"그러므로 모든 악독과 모든 기만과 외식과 시기와 모든 비방하는 말을 버리고."**

베드로전서 2장 2절 내용은 다음과 같다.

> **"갓난아기들같이 순전하고 신령한 젖을 사모하라. 이는 그로 말미암아 너희로 구원에 이르도록 자라게 하려 함이라."**

지금도 자주 이용하는 교회 앞 버스 정류장에만 가면 그때 그 장면이 떠올라서 주님께 고개를 숙이곤 한다. 나는 계속 자라나야 한다. 이 원죄의 가시를 날마다 뽑고 벗어나서 하나님 말씀이 내 속에서 쑥쑥 성장하도록 해야 한다.

전도사를 열심히 하면 무엇 하나. 그 말씀이 내 속에서 효력을 내지 못하면 나는 날마다 하나님께 회초리를 맞으며 꾸중을 들을 것이다.

또 한 번은 집에서 심하게 주님으로부터 꾸중을 들었다.

올케언니가 소파에서 손톱을 정리하고 계셨는데 종이나 무엇을 받치지 않고 마룻바닥에 수북이 쌓이게 하는 것이다. 그 광경을 물끄러미 바라보고 있는데 내 속에서 껄끄러운 모양이 보였다.

'어머, 저렇게 야만스럽게 손톱을 정리하네?' 하며 올케언니를 무시하는 나를 보았다. 주님이 말씀하셨다.

"야, 선숙아! 너!
이게 멸시받을 일이냐? 이천 년 전에 주님이 천국 고귀한 몸과 문화로 이 세상에 오셔서 이스라엘과 로마의 야만성을 지적하신 일이 있느냐?"
"아이구, 죄송합니다. 그 잘난 문화 가지고 교만을 떨며 올케를 우습게 본 것을 회개합니다."

그 이후로 어떤 사람도 내가 판단할 바가 아니라는 것을 깨달았다. 어디에서도 나에게 멸시받을 존재는 없는 것이다. 기막히게 아름다운 천국을 버리시고 죄인들 밑으로 들어가셔서 그들을 섬기시며 그들의 문화와 마음을 존중하시고 함께하신 예수님을 자주 떠올린다. 더러운 모든 사람과 친구를 해 주시고 또 고상하다고 자만하는 사람들에게도 거부감을 느끼지 않게 해 주신 주님의 모습을 상상해 본다.

어떤 분은 내가 밥 한번 사려면 허리가 휜다. 그분은 비싼 음식에 익숙해져 있기에 제일 싼 것도 나에겐 너무 비싸다. 그래도 그 영혼을 얻으려면 아무렇지도 않게 밥을 사고 카페에서 그 비싼 차 한 잔을 산다. 그렇게 할 때 그분과의 친밀도가 높아지고 그분은 내가 소개하는 예수님께 경청한다.

"주여! 저는 언제쯤 온전하게 될까요?
때마다 악하다는 말씀 듣지 않을 정도로요."

요나도 죽기까지 화를 내는 것이 마땅하다고 성질을 내며 박 넝쿨 하나 죽이셨다고 하나님께 대든 생각이 난다. 하하!! 나하고 비슷하다.

원수를 은혜로 갚기

나이를 더해 갈수록 일은 늘어났다. 오랫동안 교회에 있다 보니 이 일 저일 책임이 더해져 갔다. 후임자들도 참 많은 분이 거쳐 갔다. 좋을 때도 있었고 서로 간 어려움도 통과해 지나갔다.

목회 말기에도 낯선 목회자들이 동료로 함께했다. 연말이 가까워져 올수록 부교역자 일도 많아진다. 한 해를 정리하고 오는 새해를 계획하기 때문이다. 새로 오신 어떤 동료는 이 바쁜 때에 심방을 간다고 나가서 하루 종일 안 나타나기도 했다. '중요한 심방이었나 보다.' 생각하고 넘어갔다. 그렇게 일손을 안 도와주면 나는 밤을 새워 보충해야 했고, 그런 일이 한두 번이 아니었다.

구체적인 사항을 모르시는 담임 목사님(이하 대장님)은 일단 조용히 모든 일이 진행되기를 원하셨다. 내가 책임자라도 그랬을 것이다. 나는 나이가 더해 갈수록 체력의 약화를 현저히 느껴 갔다. 새벽 기도회에 지각하기 일쑤였고 대장님을 보필하기는커녕 늦게 예배에 참석하니 쥐구멍이라도 있으면 들어가고 싶은 심정이었다. 자꾸 교회 업무에 구멍이 나고, 후임들은 일의 사안을 잘 모르기 때문에 일일이 얘기할 수도 없어 힘들 때가 자주 있었다.

교역자들이 다 함께 담임 대장님을 모시고 심방을 해야 하는 어느 날, 이제 막 가방을 들고 교역자실을 나서려는데 대장님이 굉장히 화가 나셔서 나를 막 꾸짖으셨다. 내가 전혀 모르는 내용인데 잘못했다고 큰 소리로 야단을 치셨다. 그리고는 휙 다른 후임과 심방을 나가셨다. 나는 어안이 벙벙한 채 그래도 따라나서다가 손맥이 풀려서 못 가고 성전으로 올라갔다.

악에 받쳐서 기도도 안 나오고 눈물도 안 나왔다. 가뜩이나 피곤한데 엎친 데 덮친 격이었다. 속으로 '주님…' 하고 눈을 감고 가만히 있었다. 몇 시간이 지났을까. 갑자기 기도가 내 깊은 속에서 터져 나왔다.

"이 원수를 은혜로 갚아 주옵소서!
와아, 이런 기도문이 있어?"

탄성을 지르며 이 기도를 목소리를 내어서 했다. 그런데 참 이상한 일이 생겼다. 그렇게 슬프고 원망스럽고 참담한 꽈악 낀 안개같이 내 숨을 조여오던 감정이 후욱 누가 가져가듯 날아가 버렸다. 언제 그런 아픈 일이 있었냐는 듯이 말끔히 정리되었다.

시계를 보니 두 시간은 내가 멍하니 주님 앞에 있었던 것이다. 이렇게 승리롭고 놀라운 기도문을 시편에서도 나는 못 보았다. 성령께서는 기도의 달인이신 것이 맞다.

이 기도를 묵상하며 배시시 웃고 있는데 또 다른 생각이 들었다.

'소리를 지르시며 꾸중을 내신 대장님은 얼마나 불편하실까?' 원래 우리 대장님은 욱하는 데가 좀 있긴 하셨지만 항상 다정다감하고 온화하신 분이신데 후임들 앞에서 고참인 내게 소리를 지르셨으니 난감하실 것 같았다. 또 기도를 했다.

"주님, 대장님께 이 오해를 풀어 드리고 대장님이 자유로우실 수 있게 기회를 주세요."

그 이튿날 묘하게도 주차장에서 대장님을 맞닥뜨렸다.
"대장님, 어제는 죄송하게 됐습니다. 뭐가 잘못되었나 봐요." 하고 사과를 드렸다.
"전도사님이 왜 잘못했어요. 오히려 내가 잘못했죠." 대장님이 소리를 높여 사과를 하시는 것이었다. 그때 둘러보니 주차장에는 나와 대장님뿐이었다.
와! 할렐루야! 하나님은 이 시간과 장소를 완벽하게 마련해 주셨다.
그 이후 대장님과 나는 얼굴을 펴고 웃으며 성전 뜨락을 거닐 수 있었다.

내 사역 말년에 여호와 닛시의 깃발을 꽂도록 역사하신 주님을 찬양한다.
지금도 가끔 되뇐다.

"이 원수를 은혜로 갚아 주옵소서!"

여호수아의 지도를 갖고

 여호수아는 온 생애를 다 바쳐서 모세에게 배운 대로 또 하나님의 명령대로 가나안 땅을 정복하였다. 지파대로 기업을 분배해 주었지만 광야에서 모세와 의논한 대로 모두가 자기 기업이 될 땅을 정복하고 정착한 것은 아니었다. 여호수아는 이제 흰 수염에 흰 머리칼을 날리며 늙었으나 아직도 12지파는 충분히 자기 땅을 갖지 못했다. 여호수아는 시간의 촉박함을 느끼며 숙제를 준다.

 "그러나 이스라엘 자손 중에 그 기업의 분배를 받지 못한 자가 아직도 일곱 지파라." (수 18:2)
 "너희는 각 지파에 세 사람씩 선정하라. 내가 그들을 보내리니 그들은 일어나서 그 땅에 두루 다니며 그들의 기업에 따라 그 땅을 그려 가지고 돌아올 것이라." (수 18:4)
 "그 사람들이 가서 그 땅으로 두루 다니며 성읍들을 따라서 일곱 부분으로 책에 그려서 실로 진영에 돌아와 여호수아에게 나아오니." (수 18:9)
 "여호수아가 그들을 위하여 실로의 여호와 앞에서 제비를 뽑고 그가 거기서 이스라엘 자손의 분파대로 그 땅을 분배하였더라." (수 18:10)

이스라엘 12지파 중 반 정도는 아직 자신들의 기업을 정복하지 못했다. 이들에게 정복할 지형을 그려 오도록 하였다. 구체적인 지명 상징들을 적어서 그려 온 그들에게 꼭 이곳들을 정복할 숙제를 알게 하였다. 이는 물론 12지파가 힘을 합하여 이뤄 낼 과제였다.

여호수아는 있는 힘을 다했어도 정복해야 할 남은 곳이 있을 것을 처음에는 상상도 못 했을 것이다. 다 정복하여 젖과 꿀을 모두가 풍성히 먹을 것으로 생각했을 것이다. 그러나 이 유목민에게 자기 땅이 주어지고 소출이 풍성해지고 하니까 이스라엘은 더 이상 전쟁하는 힘을 모으지 못했다. 하는 수 없이 여호수아는 민족 대대로 기억할 숙제를 유언으로 남긴 것이다. 다윗 때에서야 이 그림은 완성되었다.

목회도 그렇다. 부흥의 시대에는 모든 분이 다 주님께 헌신하고 성령의 열매가 주렁주렁 계속 맺힐 것 같았는데 이 또한 새롭게 허리띠를 졸라매고 주님께 나오는 일이 드물게 되었다. 우리 청년들도 그렇게 뜨겁게 주님을 향해서 불 일 듯 일어났으나, 사회에 나가서 세파와 부딪치다 보니 첫사랑이 시들해지는 일도 있었다. 이들을 위해 영원히 금식하며 기도하도록 나의 세월이 밑받침해 주는 것도 아니었다.

눈에 밟히는 교인들과 청년들의 명단을 기록하고 구체적인 기도 제목을 적고 이들이 하나님의 꿈을 향해, 환상을 보며 달려 나가도록 나는 기도로 후원하기로 결심했다. 노쇠해지는 몸을 교회에 의탁하지는 말아야 했다.

이들의 이름을 부르며 나는 매일 꿈을 꾼다. 이들이 이뤄야 할 환상을 보며 주님 앞에 달려 나가도록.

아마 여호수아는 주님 품에 안기며 이들이 그려 가지고 온 그림, 지도를 가슴에 꼭 부여안고 모세를 반가이 만났을 것 같다.

　나도 이들이 세워진 푯대를 향해 달리기를 소망하며 아마도 이 기도 노트를 가슴에 품고 이름을 부르다가 주님을 만날 것 같다.

"주여, 지난밤 내 꿈에 뵈었으니 그 꿈 이루어 주옵소서."

"저 멀리 뵈는 나의 시온성 오, 거룩한 곳 아버지 집

내 사모하는 집에 가고자 한 밤을 새웠네.

저 망망한 바다 위에 이 몸이 상할지라도

오늘은 이곳 내일은 저곳 주 복음 전하리."

할렐루야!

종의 집이 영원히 복 받게 하신 은혜를 어찌 다 보답하랴!

너희는 세상의 빛이라 산 위에 있는 동네가 숨겨지지 못할 것이요

사람이 등불을 켜서 말 아래에 두지 아니하고 등경 위에 두나니

이러므로 집 안 모든 사람에게 비치느니라

이같이 너희 빛이 사람 앞에 비치게 하여 그들로 너희 착한 행실을 보고

하늘에 계신 너희 아버지께 영광을 돌리게 하라

마태복음 5장 14~16절

이 책을 마치며

바베트의 만찬은 끝났다

《바베트의 만찬》은 영화로도 나온, 덴마크 작가 '이자크 디네센'의 책으로 노벨 문학상의 후보 두 차례나 오른 유수한 작품이다. 나는 이 책을 보고 "아, 인생은 '나를 부어 어떤 아름다운 만찬을 베푸느냐?'로도 볼 수 있구나." 하면서 나를 이렇게 다른 사람들을 위해 쏟아 내고 싶은 마음이 간절했다.

바베트는 프랑스 최고의 요리사이자 귀족들에게 제일로 손꼽히는 요리사였다. 그러나 민중 혼란으로 인해 목숨을 부지하려고 노르웨이 산골짜기로 숨어들었다. 그리고 아버지인 목사님이 목회하던 마을에서 몇 안 남은 교인을 돌보던 두 늙은 따님의 식사를 해 주는 일을 한다. 어느 날, 전에 사 두었던 복권이 당첨되었다는 소식을 듣고 그 돈을 받기 위해 도시에 간다.

그곳에서 그녀는 만 프랑의 모든 돈으로 최상의 요리 재료를 사 와서, 빈곤하고 겨자씨만큼도 믿음이 남아 있지 않아서 서로 싸우고 질시하는 마을 사람들을 대접한다. 마을 사람들은 놀라운 요리를 대하면서 옛날의 깊은 사랑과 믿음이 되살아나 서로 친밀감을 회복하고 부흥의 빛을 가슴에 회복한다.

식사 기도는 나이 많은 신도가 맡았다. 먼저 계셨던 목사님의 말씀을 인용해서.

"내가 먹은 음식으로 내 몸을 지탱하고
내 몸으로 내 영혼을 지탱하며
내 영혼으로 말과 행동에서
주께 모든 감사를 드리게 하소서.
자비와 진리는 하나가 되었고, 정의와 축복이 입맞춤했습니다.
우리의 눈이 번쩍 뜨이는 순간은 은총이 무한하다는 것을 깨닫는
순간입니다."

이 만찬으로 이들은 은혜로 흘러 들어가는 고백을 한다.
늙은 여인인 두 목회자 마티나와 필리파는 이제 바베트가 떠날 거라고 생각했으나 바베트는 갈 데도 없고 돈도 없어서 두 여인을 섬기며 살 수밖에 없다고 고백한다.

"이 식사는 마님들을 위해서가 아니고 저를 위해서였어요.
저는 위대한 예술가예요. 전 절대로 가난하지 않아요. 위대한 예술가는 결코 가난하지 않아요. 예술가가 세상을 향해 부르짖는 것은 최선을 다할 수 있도록 날 내버려 둬 달라는 외침뿐이에요.
최선을 다하지 않고 박수를 받는 것만큼 예술가가 참을 수 없는 것은 없어요."

주인마님인 필리파가 바베트를 품에 안으며 속삭였다.
"바베트, 난 알아. 이게 끝이 아니라는 것을. 하나님께서 지으신 대로 위대한 예술가로 남을 거야. 천사들을 사로잡을 거야!"

필리파와 마티나는 지금껏 손님에게 '커피' 이상을 대접해 본 일이 없었다.
그 자매에게 최소의 값싼 재료로 최고의 요리를 만들어 대접하면서 바베

트는 이들과 함께했다.

우리 청년회 리더들은 고도의 훈련을 많이 받았다. 성경 공부는 물론 제자의 삶에 대해 내 딴에는 강도 높은 훈련을 했다. 그러기에 리더들은 밤잠을 줄여야 했고 개인 시간들을 헌납해야 했다. 그래도 끝까지 따라오는 몇몇 사람이 있었다. 늘 하나님의 말씀에 목말라 했고 갈증이 있었다. 이들은 모세의 두 팔을 올려 준 '아론'과 '훌'이었다.

이들에게 마지막 훈련 과제는 〈바베트의 만찬〉 영화 감상이었다. 이 과정까지 오는 사람이 많지는 않았지만 이들은 바베트의 후예로 눈을 반짝였다.

우리 청년들이 자신을 위해 길게 조금씩 인생을 붓느냐 아니면 소중한 사람들을 위해 쏟느냐는 스스로 결정할 일이라는 생각이 들었다.

이제 나의 만찬은 끝났다. 더 이상 나에게 있는 것을 줄 것이 없이 텅텅 비었다. 육체도 비고 영혼의 열정도 거덜이 났다.
나는 이 내용처럼 이제 쓴 커피 한 잔 겨우 대접할 여유이지만 또 다른 바베트는 즐겁다.

라이트 하우스를 꿈꾸며

청소년 시절에 나는 루터란 아워에서 실시하는 성경 통신 공부를 많이 하여 상품으로 책을 많이 받았다. 지금 돌이켜 봐도 복음과 성경을 아주 잘 설명한 소중한 책들이었다. 그중에《이 괴로움을 누구와》라는 책도 있었다.

이 책의 내용은 '라이트 하우스'라는 기관의 봉사로 많은 사람이 예수님을 만나고 새로운 사람들이 되는 이야기이다. 연속극으로도 방송되었다.
여기에 나오는 한 단편 이야기를 참 즐겁게 몇 번이고 읽었다.

한 여성과 성공한 음악가의 러브 스토리이다. 여성은 독실한 크리스천이었는데 이 음악가는 건성 교인이었다. 진정으로 서로 사랑하는 것은 사실인데 믿음의 수위가 달랐다.
여성은 한 가정에 두 하나님이 존재하지 못할 것을 알고 남성에게 하나님을 주인으로 모시기까지 기다리겠노라고 말하고 이별을 했다. 그리고는 이 음악가의 이름을 써서 여러 곳에 기도를 부탁했다. 남성은 성공했으나 허무하여 헤매다가 이 라이트 하우스까지 와서 밥을 얻어먹는 신세가 된다. 이곳에선 있을 수도 있고 나가도 되나 계속 복음이 소개되었다. 결국 이 남성은 예수님을 자기의 주인 하나님으로 모시게 되는데 그 일을 도운 분이 누군지 몰랐다. 그분은 명단을 받아 그 남성의 이름 불러 기도하는 분 (라이트 하우스를 섬기는 총무)이었다. 이 여성에게 소식이 닿아 두 남녀는 뒤늦게 한 하나님을 주인으로 모시고 가정을 이룬다. 나는 이 섬김의 모습이 너무도 좋았다. 나도 이렇게 사람들을 섬기고 싶다는 꿈을 품었다.

나와 공동체 살림을 시작한 자매는 결혼하여 미국으로 갔는데 우리가 아파트 기본 자금이 필요하다는 것을 알고, 그 낯설고 힘든 생활 중 1년 치 월급 모두 모은 것을 몽땅 보내왔다. 그렇게 그 아파트는 우리의 보금자리가 되었다. 어머니는 주님 나라에 가셨지만, 이 집은 계속 생명을 쉬게 하고 복음을 위한 집으로 사용되어야 한다고 나는 생각했다.

가칭 '라이트 하우스'로 이름을 짓고 은퇴 후 선교사님들이 쉬어 가는 곳으로 쓰이기를 소원하며 기도했다. 과연 잠깐씩 쉬러 오시는 분들이 불편은 하시겠지만 즐거이 들르시곤 한다. 더 좋은 주님의 꿈이 이루어지는, 목마른 분들이 목을 축이고, 자신의 집처럼 편안히 주님의 사랑을 회복하는 곳이길 바란다. 이 집은 오직 주님의 집이다.

1호 게스트, 우리 어머니
2호 게스트, 나
3호 게스트, 선교사님….

너희는 세상의 빛이라 산 위에 있는 동네가 숨겨지지 못할 것이요
사람이 등불을 켜서 말 아래에 두지 아니하고 등경 위에 두나니
이러므로 집 안 모든 사람에게 비치느니라
이같이 너희 빛이 사람 앞에 비치게 하여
그들로 너희 착한 행실을 보고
하늘에 계신 너희 아버지께 영광을 돌리게 하라

마태복음 5장 14~16절

그가 나를 데리고

1판 1쇄 발행 2023년 7월 20일

저자 황선숙 일러스트 서은경

교정 주현강 편집 이새희
마케팅 • 지원 김혜지

펴낸곳 (주)하움출판사 펴낸이 문현광

이메일 haum1000@naver.com 홈페이지 haum.kr
블로그 blog.naver.com/haum1000 인스타 @haum1000

ISBN 979-11-6440-392-9

좋은 책을 만들겠습니다.
하움출판사는 독자 여러분의 의견에 항상 귀 기울이고 있습니다.
파본은 구입처에서 교환해 드립니다.